依法带娃

做明白家长

马芳　编著

中国画报出版社・北京

序言

这本书的选题视角清晰独特，面向家长普法。旨在提升父母在养育孩子过程中的法治意识，给家长们提供了一本“法治教育手册”。

提升青少年法治素养，首先要求家长学法懂法。

本书采用以案说法，解答通俗。以养育孩子的场景作为分类标准，一问一答，覆盖了孩子成长过程涉及的法律知识：

一、孩子在家庭

依据《民法典》《未成年人保护法》《家庭教育促进法》《反家庭暴力法》等法律法规，向家长们介绍了日常与抚养教育保护子女等相关的法律知识。如谁是孩子“天然”监护人？爸爸为资金周转要卖掉女儿名下的房产可以吗？妈妈打麻将成瘾危害女儿身心健康会被撤销监护权吗？紧急状况下孩子无人照料应该由谁负责？刚满 15 岁的儿子要自己单独居住家长为什么不能同意？家长不供孩子上大学是否违法？父母明知孩子经常出入网吧而不制止合法吗？父亲酗酒后经常殴打孩子，妻子如何保护孩子？

…………

二、孩子在学校

《未成年人保护法》中关于“学校保护”的相关规定都有哪些？

中小学教育惩戒规则（试行）》《校车安全管理条例》等规定，家长可以了解学校在教育和保护孩子权益方面的法律知识。如发现孩子受人胁迫实施了不良行为，学校和家长应当怎么做？学生在劳动课上受伤，学校是否要承担责任？学生乘坐校车遭遇交通事故受伤，应当由谁来承担责任？在校园网上散布同学的谣言属于校园欺凌吗？孩子在学校被严重欺凌，学校能隐瞒吗？孩子遭受校园欺凌患上了抑郁症，谁来赔偿？

…………

三、孩子的人身安全与财产保护

生活中危及孩子人身安全的因素有很多，比如被狗咬、被高空抛物砸伤、被其他孩子打伤等等；还有如未成年人文身，家长能要求商家“恢复原状”吗？未成年情侣到宾馆开房过夜，女孩家长有权要求宾馆承担责任吗？……等等人身侵权维权知识。“财产保护”方面，本书从法律的角度，全面介绍关于未成年人财产权的法律规定，如关于未成年人财产所有权的归属、未成年人的继承权、未成年人的智力成果等。涉及《民法典》《未成年人保护法》《著作权法》等法律法规。

四、孩子在社会生活和“网络世界”中

帮助家长了解《未成年人保护法》中的社会保护与网络保护规定，通过对《道路安全交通法》《治安管理处罚法》《网络安全法》等法律法规知识的问答，教育孩子从小肩负起相应的社会责任、培养孩子优良品质。如家长能骑摩托车接送孩子吗？在水源保护区游泳是否违法？家长能让孩子帮忙跑腿去购买彩票吗？未经同意发他人丑照到网上，是侵权行为吗？未成年人花高价钱偷偷购买游戏账号，家长可以要求游戏网店退款吗？

…………

五、孩子的国家保护与司法保护

政府对孩子的保护义务都有哪些呢？孩子在涉及司法活动方面的权益又有什么呢？如，对留守儿童家庭或处于困境下的未成年人家庭，可获得政府方面的哪些帮扶？未成年人犯罪会被从轻发落吗？等。介绍了《未成年人保护法》《刑事诉讼法》中政府对青少年的保护和司法方面对青少年保护相关的法律知识。

六、预防未成年人犯罪与挽救失足青少年

未成年人的不良行为、严重不良行为有哪些？家长在预防未成年人犯罪教育方面负有怎样的责任？什么是“帮助信息网络犯罪活动罪”？未成年人吸毒能不强制隔离戒毒吗？未成年犯管教所的收纳对象有哪些？……主要围绕《预防未成年人犯罪法》《刑法》《禁毒法》《社区矫正法》《未成年犯管教所管理规定》等法律法规，使家长们了解如何挽救和避免成为不良青少年、如何避免孩子误入歧途、如何保护孩子远离犯罪以及如何挽救失足青少年等方面的法律知识。

七、孕期时段

依据《中华人民共和国劳动法》《劳动合同法》《女职工劳动保护特别规定》《民法典》等与孕妇权益相关的法律知识，让准妈妈从孕期就开始知权维权。

中华民族历来有重视家庭教育的优良传统。家庭是孩子的第一个课堂，父母是孩子的第一任老师。2022 年 1 月 1 日起《中华人民共和国家庭教育促进法》施行后，“中国父母进入依法带娃时代”一度冲上热搜榜。

孩子从受精卵开始到长大成人，其间要面对很多法律问题，这本书从实用性出发，向家长及准家长们普及相关的法律知识，希望能够成为家长学习培育孩子的重要“工具”，让每位家长接受法治教育，使每位家长胜任“依法带娃”。

二孩儿、三孩儿时代已来，培养孩子已然成为我们人生中“极其重要且占据时光很多”的一件事。培养好下一代，不仅关乎我们的小家，更关乎国家的前途与发展。

让每一位家长知法懂法，“依法带娃”，不仅能维护好孩子的合法权益，还能以身作则，为孩子从小树立诸如“公平、正义、正直、独立、责任、诚信、善良”等等一系列良好的品质。

最后，希望这本书能作为“家长法治教育手册”，为办好“家长法治教育学校”尽一份力。

中国政法大学教授　王进喜

目 录

索引——快速查询

第一章　家庭抚育

第一节　子女监护权与照护法律常识

第二节　抚养与收养相关法律常识

第二节　财产保护中的法律常识

第四章　社会与网络活动

第一节　社会活动中的法律常识

第二节　网络活动中的法律常识

第一章 家庭抚育

孩子的成长离不开家庭的抚养和教育。良好的家庭教育会让孩子受益一生。本章依托《民法典》《未成年人保护法》《家庭教育促进法》《反家庭暴力法》等法律法规，向家长们介绍有关监护权的确定、监护权的履行、抚养权的分配、收养子女以及日常与抚养教育保护子女等相关的法律知识。

第一节　子女监护权与照护法律常识

谁是孩子的“天然”监护人？

育儿案例

朱某和妻子因为家庭生计，各自上班无法照顾儿子，孩子从妈妈休完产假就被送到同市邻区的奶奶家，夫妻俩只有在周末或是节假日的时候回去陪伴儿子。很快，孩子到了上幼儿园的年纪，考虑到接送的问题，孩子还是在奶奶家附近上了幼儿园。朱某为儿子办理入园手续时，需要填写监护人信息。他竟一时不知该写谁，自己虽然是孩子的爸爸，但是孩子平时都跟着爷爷奶奶生活，监护人一栏是不是该填爷爷奶奶呢？那么请问，谁才是孩子的监护人？

依法解析

父母才应该是孩子的法定监护人。所谓法定监护人，是指依照法律的直接规定担任无民事行为能力人和限制民事行为能力人的监护人，履行监护职责的人。

我国《民法典》第二十七条规定了未成年人的监护人顺序。首先，该条第一款规定父母是未成年子女的法定监护人。父母与未成年子女有着最为直接的血亲关系（亲生的为自然血亲，收养的为拟制血亲），因此父母自然就是未成年子女的法定监护人；其次，该法条第二款规定，在未成年人的父母已经死亡或者没有监护能力的情况下，才能由爷爷奶奶、姥姥姥爷等亲属作为监护人。如果有其他愿意担任监护人的个人或者组织，经未成年人住所地的居民委员会、村民委员会或者民政部门同意后，在该种情形下也可以作为未成年人的监护人。

本案例，虽然孩子日常生活起居都是由爷爷奶奶照顾，但是依据《民法典》第二十七条第一款的规定，孩子的父母均在世且都有监护能力，因此父母才应该是法定监护人。故，幼儿园统计监护人信息一栏应该填写孩子父母的信息，而不应该填写爷爷奶奶的信息。

条文在线

《中华人民共和国民法典》

第二十七条 父母是未成年子女的监护人。

未成年人的父母已经死亡或者没有监护能力的，由下列有监护能力的人按顺序担任监护人：

（一）祖父母、外祖父母；

（二）兄、姐；

（三）其他愿意担任监护人的个人或者组织，但是须经未成年人住所地的居民委员会、村民委员会或者民政部门同意。

爸爸为取得周转资金要出售女儿名下的房产，可以吗？

育儿案例

依依出生后，爷爷奶奶就以孩子的名义出资购置了一套房产，并办理了所有权证书，所有人为依依一人单独所有。依依的父亲武某一直经营钢材生意，后因为多种原因，生意一落千丈，遂决定将女儿依依名下的房产卖掉。孩子的爷爷奶奶知道此事后坚决反对。武某声称自己是依依的监护人，女儿年幼，凡事就应该由父母做主。那么，武某作为依依的监护人是否有权出售女儿名下的房产呢？

依法解析

武某虽然是依依的监护人，但却无权销售依依名下的房产。我国《民法典》第三十五条第一款、第三款比较宽泛地规定了监护人不得从事的行为，即不得随意处分未成年人的财产，且不得干涉未成年人独立自主处理其认知能力范围内的事务。而对监护人不得从事的行为，《未成年人保护法》第二章第十七条作出了更为详细的规定，主要表现在不得遗弃未成年人，不得放任教唆未成年人犯罪、加入邪教组织，不得放任未成年人染上吸烟、赌博等恶习，不得干涉未成年人接受教育，不得迫使未成年人结婚、订婚，不得放任未成年人进入成年人活动场所等。总而言之，监护人的职责是保护未成年人的人身健康和财产安全，不得做出不利于未成年人身心健康成长的各种行为。

具体到本案例，依依名下的房产是爷爷奶奶赠与她的财产，依法属于依依个人，武某虽然是依依的监护人，但将依依的财产出售用于为自己偿还债务、周转资金，是违反法律法规的行为。在此需要提醒家长的是，法律对未成年人父母履行监护职责，规定了禁止实施的行为。因此，作为监护人的父母要自我约束，不能从事法律禁止的事项。

条文在线

《中华人民共和国民法典》

第三十五条　第一款　监护人应当按照最有利于被监护人的原则履行监护职责。监护人除为维护被监护人利益外，不得处分被监护人的财产。

第三款　成年人的监护人履行监护职责，应当最大程度地尊重被监护人的真实意愿，保障并协助被监护人实施与其智力、精神健康状况相适应的民事法律行为。对被监护人有能力独立处理的事务，监护人不得干涉。

《中华人民共和国未成年人保护法》

第十七条　未成年人的父母或者其他监护人不得实施下列行为：

（一）虐待、遗弃、非法送养未成年人或者对未成年人实施家庭暴力；

（二）放任、教唆或者利用未成年人实施违法犯罪行为；

（三）放任、唆使未成年人参与邪教、迷信活动或者接受恐怖主义、分裂主义、极端主义等侵害；

（四）放任、唆使未成年人吸烟（含电子烟，下同）、饮酒、赌博、流浪乞讨或者欺凌他人；

（五）放任或者迫使应当接受义务教育的未成年人失学、辍学；

（六）放任未成年人沉迷网络，接触危害或者可能影响其身心健康的图书、报刊、电影、广播电视节目、音像制品、电子出版物和网络信息等；

（七）放任未成年人进入营业性娱乐场所、酒吧、互联网上网服务营业场所等不适宜未成年人活动的场所；

（八）允许或者迫使未成年人从事国家规定以外的劳动；

（九）允许、迫使未成年人结婚或者为未成年人订立婚约；

（十）违法处分、侵吞未成年人的财产或者利用未成年人牟取不正当利益；

（十一）其他侵犯未成年人身心健康、财产权益或者不依法履行未成年人保护义务的行为。

妈妈打麻将成瘾危害女儿身心健康，会被撤销监护权吗？

育儿案例

金某的丈夫常年在外工作，只有金某带着姐弟俩在家生活。但金某打麻将上瘾，有时通宵不睡，因此越发怠于照顾孩子。听邻居讲，她性情暴躁，家里时常有吵闹声；尤其对女儿，自己一不顺心，轻则辱骂，重则殴打，有时还不给饭吃，女儿身上总是伤痕累累。因为经常被责骂，女儿从一个活泼的小姑娘变得胆小、敏感、懦弱，甚至不敢和同学们交流。那么，对于金某严重损害孩子身心健康的行为，能撤销其监护权吗？

依法解析

金某的监护权可以被撤销。我国《民法典》第三十六条第一款第一项明确规定，当监护人实施了严重损害未成年人身心健康的行为时，可以被撤销监护权。此项规定是指，只要监护人实施了严重损害未成年人身心健康的行为，就可以被撤销监护权，并不以监护人是否真正给未成年人的身心健康造成严重的损害结果为标准。

除此之外，监护人如怠于履行监护职责，或者无法履行监护职责并且拒绝将监护职责部分或者全部委托给他人，导致被监护人处于危困状态的也会被撤销监护权，如遗弃未成年人，拒绝为未成年人提供必要的生活、教育或医疗条件，将未成年人置于无人照管状态等。

该条第一项第三款也规定了“兜底条款”，包含了所有可能严重侵害被监护人合法权益的其他行为。上述法律规定是为应对监护侵害行为而构筑的最后一道防线，通过彻底剥夺监护人监护资格的方法，使未成年人能够有效远离侵害的威胁。另外，我国《未成年人保护法》第一百零八条同样规定了监护人不依法履行监护职责或者严重侵犯未成年人合法权益的，可以被撤销监护权。

在此需要提醒家长，作为孩子的父母，如果如金某一般，不认真履行监护职责，而是实施侵害孩子身心健康的行为，轻则被撤销监护权，重则会被给予治安处罚，甚至面临刑罚。

条文在线

《中华人民共和国民法典》

第三十六条 监护人有下列情形之一的，人民法院根据有关个人或者组织的申请，撤销其监护人资格，安排必要的临时监护措施，并按照最有利于被监护人的原则依法指定监护人：

（一）实施严重损害被监护人身心健康的行为；

（二）怠于履行监护职责，或者无法履行监护职责且拒绝将监护职责部分或者全部委托给他人，导致被监护人处于危困状态；

（三）实施严重侵害被监护人合法权益的其他行为。

本条规定的有关个人、组织包括：其他依法具有监护资格的人，居民委员会、村民委员会、学校、医疗机构、妇女联合会、残疾人联合会、未成年人保护组织、依法设立的老年人组织、民政部门等。

前款规定的个人和民政部门以外的组织未及时向人民法院申请撤销监护人资格的，民政部门应当向人民法院申请。

《中华人民共和国未成年人保护法》

第一百零八条 未成年人的父母或者其他监护人不依法履行监护职责或者严重侵犯被监护的未成年人合法权益的，人民法院可以根据有关人员或者单位的申请，依法作出人身安全保护令或者撤销监护人资格。

被撤销监护人资格的父母或者其他监护人应当依法继续负担抚养费用。

孩子父母双亡，姑姑能担任其监护人吗？

育儿案例

利利的父母因意外过世后，孩子后续生活问题就成了亲属们面临的首要问题。利利的爷爷奶奶有一儿一女，姥姥姥爷只有利利妈妈一个女儿，现在利利的爷爷奶奶、姥姥姥爷、姑姑都想抚养他。对于两家老人来说，子女去世了，利利就是子女生命的延续。利利的姑姑则认为两家老人年龄大了，不能很好地照顾孩子，自己应该是最合适照顾利利的人选。那么，到底谁可以成为利利的监护人呢？监护人的顺序又是怎样的呢？

依法解析

我国《民法典》第二十七条第二款规定了未成年人父母去世后亲属作为监护人的详细顺序：首先是祖父母、外祖父母，这是并列的第一顺序；其次是兄姐，是指未成年人有抚养能力的兄或姐；最后是其他愿意担任监护人的个人或者组织。

通过法律明确监护人顺序，主要目的在于防止具有监护资格的人之间相互推卸责任。当然，现实中也会出现两个或者两个以上具有监护资格的人都愿意担任监护人，或者应当担任监护人的人认为自己不合适担任或认为其他具有监护资格的人更适合担任，在这种情况下，监护人又应如何确定呢？

我国《民法典》第三十一条第一款规定，对监护人有争议的，由未成年人住所地的居民委员会、村民委员会或者民政部门（当地民政局）指定监护人，如果亲属对指定监护结果不服的，可以申请人民法院指定监护人。如果有当事人担任监护人的意愿特别强烈的，其也可以直接向人民法院申请指定监护人，以最终确定未成年人的监护人，确保未成年人的健康成长。

本案例，利利的爷爷奶奶（祖父母）、姥姥姥爷（外祖父母）是第一顺序的监护人，姑姑则属于第三顺位的监护人。首先应当由利利的爷爷奶奶或者姥姥姥爷担任监护人，如果双方都缺乏抚养能力了，则可以由利利的姑姑担任。如果三方均争抢利利的监护权，那么就由利利住所地的居委会、村委会或是民政局指定利利的监护人，指定监护人后，其他人不服该指定的，可以向当地人民法院申请指定监护。如果利利的姑姑想担任其监护人，也可以直接向当地人民法院提出申请。

条文在线

《中华人民共和国民法典》

第二十七条　第二款　未成年人的父母已经死亡或者没有监护能力的，由下列有监护能力的人按顺序担任监护人：

（一）祖父母、外祖父母；

（二）兄、姐；

（三）其他愿意担任监护人的个人或者组织，但是须经未成年人住所地的居民委员会、村民委员会或者民政部门同意。

第三十一条　第一款　对监护人的确定有争议的，由被监护人住所地的居民委员会、村民委员会或者民政部门指定监护人，有关当事人对指定不服的，可以向人民法院申请指定监护人；有关当事人也可以直接向人民法院申请指定监护人。

什么情况下祖父母对孩子有抚养义务？

育儿案例

帅帅虽未成年却经历了许多变故。父母先后去世，姥姥姥爷也去世多年，在没有其他亲人的情况下，爷爷奶奶还不想抚养他。当地居委会经调查，帅帅的爷爷奶奶年岁并不大，且身体健康，也有退休金，于是多次规劝二人抚养帅帅，但二人一直借口身体不适推脱。那么，爷爷奶奶对帅帅是否有抚养义务呢？

依法解析

我国《民法典》第二十七条第二款第一项规定，未成年人的父母去世后，祖父母（外祖父母）是第一顺序的监护人，应当履行相应的监护责任，照顾看管未成年人成长。

同时，该法第一千零七十四条第一款明确规定了祖父母（外祖父母）作为监护人的条件，首先，是未成年人的父母均去世；其次，被抚养人必须是未成年人；最后，是祖父母（外祖父母）具有负担能力，即身体状况允许抚养未成年人且具有一定的经济能力。祖父母（外祖父母）与孙子女（外孙子女）是隔代直系血亲，也是除亲子关系之外最近的直系血亲。祖孙之间虽然不同于亲子关系，没有直接的、法定的抚养义务，但是基于我国历史传统、亲属感情、公序良俗等，我国法律规定祖父母（外祖父母）在特定条件下，承担抚养义务，这也是对未成年人权益保障的体现。

本案例，帅帅尚未成年，其父母均已去世，爷爷奶奶身体健康、有退休金，而帅帅的姥姥姥爷恰也已去世，依照上述法律规定，帅帅的爷爷奶奶是法定的第一顺序的监护人，且二人具有抚养帅帅的能力，爷爷奶奶应当抚养帅帅，而不应该推卸监护人的责任。

条文在线

《中华人民共和国民法典》

第二十七条　第二款 未成年人的父母已经死亡或者没有监护能力的，由下列有监护能力的人按顺序担任监护人：

（一）祖父母、外祖父母；

（二）兄、姐；

（三）其他愿意担任监护人的个人或者组织，但是须经未成年人住所地的居民委员会、村民委员会或者民政部门同意。

第一千零七十四条　第一款 有负担能力的祖父母、外祖父母，对于父母已经死亡或者父母无力抚养的未成年孙子女、外孙子女，有抚养的义务。

紧急状况下孩子无人照料，应当由谁来负责？

育儿案例

倩倩的父母都是某市医院的医生，倩倩平时多由在本市居住的姥姥姥爷照料。某日，因突发情况，倩倩居住的区域实行了管控措施，倩倩的父母因工作需要，都不能回家，此时又恰逢姥姥姥爷外出探亲，倩倩的爷爷奶奶等其他亲人都在外地生活，因距离太远根本无法照顾孩子，致使年仅9岁的倩倩只能独自在家。那么，在这种紧急状况下，倩倩应该由谁照料呢？

依法解析

我国《民法典》第三十四条第四款规定，当遇有紧急情况，父母无法尽监护职责，未成年人又无其他亲属照料时，未成年人住所地的居民委员会、村民委员会或者民政部门（民政局）应当为被监护人安排必要的临时生活照料措施。对于9岁的倩倩无人看管的情况，应由居住地所在的居民委员会或是民政局承担暂时照料责任，负责给孩子提供生活、安全等保障。

条文在线

《中华人民共和国民法典》

第三十四条　第四款　因发生突发事件等紧急情况，监护人暂时无法履行监护职责，被监护人的生活处于无人照料状态的，被监护人住所地的居民委员会、村民委员会或者民政部门应当为被监护人安排必要的临时生活照料措施。

家长不尽保护职责致使孩子受伤，违法吗？

育儿案例

范某与妻子经人介绍认识结婚，如今两人的儿子都已经5岁了，可范某自己却一直像个没长大的孩子一样，对待工作也是三天打鱼两天晒网。妻子忍无可忍提出了离婚，并且儿子的抚养权归范某，范某则让儿子一直跟着奶奶生活。这天，好不容易回家一趟的范某，在楼下看见儿子正在与几个大孩子打闹，由于一贯责任心不强，就视而不见，自顾上楼了。没多久，邻居急匆匆来敲门，说范某的孩子被别的孩子欺负了，头流着血，已经被居委会的人送到医院去了。请问，范某的行为是否违法？

依法解析

依据我国《未成年人保护法》第十六条规定，家长作为未成年人的监护人，应当为未成年人提供安全方面的保障。这一保障包括三个方面的内容：第一，要为未成年人创造安全的生活环境，避免未成年人遭到伤害；第二，家长不得侵害未成年人的生命健康安全，例如对未成年人实施家暴行为等；第三，当未成年人受到伤害时，家长要及时制止，并采取相应的保护措施，保证未成年人的合法权益不受侵害。如果家长在未成年人受到侵害时并没有尽到应尽的监护职责，依据《未成年人保护法》第一百一十八条的规定，居委会、村委会、公安机关、人民检察院、人民法院都有权对其进行训诫。

如果情节严重，家长还需要接受家庭教育指导。

本案例，范某明明看到儿子被欺负，却没有上前了解情况，显然没有依法履行监护职责，导致儿子被打伤送往医院。根据法律规定，作为监护人没有依法为孩子提供安全保障，对孩子采取保护措施，依据《未成年人保护法》相关规定，范某应承担相应的法律责任。

条文在线

《中华人民共和国未成年人保护法》

第十六条 未成年人的父母或者其他监护人应当履行下列监护职责：

（一）为未成年人提供生活、健康、安全等方面的保障；

…………

第二十条 未成年人的父母或者其他监护人发现未成年人身心健康受到侵害、疑似受到侵害或者其他合法权益受到侵犯的，应当及时了解情况并采取保护措施；情况严重的，应当立即向公安、民政、教育等部门报告。

第一百一十八条 未成年人的父母或者其他监护人不依法履行监护职责或者侵犯未成年人合法权益的，由其居住地的居民委员会、村民委员会予以劝诫、制止；情节严重的，居民委员会、村民委员会应当及时向公安机关报告。

公安机关接到报告或者公安机关、人民检察院、人民法院在办理案件过程中发现未成年人的父母或者其他监护人存在上述情形的，应当予以训诫，并可以责令其接受家庭教育指导。

刚满 15 岁的儿子要自己单独居住，家长能同意吗？

育儿案例

小帅的父母经营着一家公司，事业很成功，但对儿子却少有陪伴。小帅从小在爷爷奶奶的娇惯下生活，随着年龄增长，开始叛逆。

前不久，小帅过 15 岁生日时，提出生日愿望是想让爸爸为他租一间公寓，他要自己一个人住。一听儿子要脱离监管自己独立，爸爸顿时反对，小帅居然绝食表示抗议。老人家见孙子不吃不喝心又软了，但同时也认为小帅还不能单独生活。那么请问，法律对此有何规定？小帅能自己一个人住吗？

依法解析

依据我国《未成年人保护法》第二十一条第二款的规定，未成年人的父母或其他监护人不得使未满 16 周岁的未成年人在脱离监护的情况下单独生活。年满 16 周岁的未成年人身体基本发育完善，具备了一定的劳动能力，可以依靠劳动获取生活来源，才可以独立生活。但是，这并不代表一旦未成年人年满 16 周岁，家长就不需要再履行监护和抚养职责。如果年满 16 周岁的未成年人没有生活来源，家长仍然需要为其负担生活费、教育费、医疗费等费用。

由于小帅未满16周岁，还不具备独立生活的能力，依据法律规定，家长不能同意他独自居住的要求。

条文在线

《中华人民共和国未成年人保护法》

第二十一条　第二款　未成年人的父母或者其他监护人不得使未满十六周岁的未成年人脱离监护单独生活。

父母能让未成年的孩子独自在家过夜吗？

育儿案例

甜甜的爸爸因工作原因，经常出差在外，大多数时间由妈妈带着她和弟弟生活。甜甜今年 12 岁，弟弟今年 5 岁。妈妈熊某是某医院医生，日常爸爸不在家时甜甜就格外懂事，很心疼妈妈的忙碌。某日，妈妈因急诊加班无法找到替班大夫，只得将姐弟俩锁在家里过夜，并叮嘱甜甜照护好弟弟，等待妈妈明早赶回来，送他们姐弟上学。请问，家长能将两个孩子单独留在家中吗？

依法解析

依据我国《未成年人保护法》第二十一条第一款的规定，对于未满8周岁的未成年人，家长必须随时保证其处于有人看护的状态。如果家长因工作等原因暂时无法看护未成年人的，应当通过将未成年人送到学校或幼儿园、托付给他人照顾等方式，保证未成年人能够得到临时照护。需要注意的是，临时照护人不能由无民事行为能力、限制民事行为能力、患有严重传染性疾病或者其他不适宜的人员担任。

本案例中，甜甜只是一个不具备完全民事行为能力的未成年人，无法作为临时照护人照顾弟弟。因此，妈妈不能将孩子留在家中过夜，可以托付信任的成年邻居、亲戚、朋友等代为照顾孩子们。

条文在线

《中华人民共和国未成年人保护法》

第二十一条　第一款　未成年人的父母或者其他监护人不得使未满八周岁或者由于身体、心理原因需要特别照顾的未成年人处于无人看护状态，或者将其交由无民事行为能力、限制民事行为能力、患有严重传染性疾病或者其他不适宜的人员临时照护。

父母能随便将孩子委托给他人照顾吗？

育儿案例

詹某夫妻有了孩子后，一直是妻子在乡下老家带孩子。随着孩子长大，开销也越来越多，妻子也不得不外出打工。但孩子谁来带呢？詹某的父亲早已去世，母亲患有间歇性精神病，虽然平时很正常，但是一旦发病就有暴力倾向。妻子的父母则远在外省，远水解不了近渴。剩下的亲人就只有孩子的姑姑，虽然孩子与姑姑很亲，姑姑也很喜欢自己的侄子，但詹某担心让她帮忙照顾自己的孩子，会影响她搞对象耽误结婚。请问，他们可以将孩子托付给谁照顾?

依法解析

家长应当履行对未成年人的监护职责，照顾未成年人的生活。但是，有时可能会因种种原因，在一段时间内无法完全履行对未成年人的监护职责。在这样的情况下，依据《未成年人保护法》第二十二条的规定，家长应为未成年人寻找其他照护人。在选择照护人时，应当避开下列人员：（一）曾实施性侵害、虐待、遗弃、拐卖、暴力伤害等违法犯罪行为；（二）有吸毒、酗酒、赌博等恶习；（三）曾拒不履行或者长期怠于履行监护、照护职责；（四）其他不适宜担任被委托人的情形。

法律规定，无正当理由是不得将孩子委托他人照护的。詹某和姜某因生活所迫，必须外出打工，才将孩子暂时托付给他人照顾。在目前的人选中，詹某的母亲因身心健康状况不佳，显然不符合被委托人的条件，即对于法律规定的不得作为被委托人的情形父母一定要认真考量。而孩子的姑姑与孩子有感情，因此最为合适。父母可以与其沟通，并询问孩子的意见，最终确定是否要让孩子和姑姑一起生活。

条文在线

《中华人民共和国未成年人保护法》

第二十二条　未成年人的父母或者其他监护人因外出务工等原因在一定期限内不能完全履行监护职责的，应当委托具有照护能力的完全民事行为能力人代为照护；无正当理由的，不得委托他人代为照护。

未成年人的父母或者其他监护人在确定被委托人时，应当综合考虑其道德品质、家庭状况、身心健康状况、与未成年人生活情感上的联系等情况，并听取有表达意愿能力未成年人的意见。

具有下列情形之一的，不得作为被委托人：

（一）曾实施性侵害、虐待、遗弃、拐卖、暴力伤害等违法犯罪行为；

（二）吸毒、酗酒、赌博等恶习；

（三）曾拒不履行或者长期怠于履行监护、照护职责；

（四）其他不适宜担任被委托人的情形。

将孩子托付给他人以后就放弃关爱，违法吗？

育儿案例

乔某是个单亲妈妈。因想得到去外地分公司担任总经理的机会，乔某将女儿托付给自己父母照顾，独自前往外地。上任后，因工作十分繁忙，她除了按时将女儿的抚养费交给父母，平时根本没时间和女儿联络，更谈不上过问孩子的生活、学习和心理状况。女儿只有9岁，姥姥姥爷尽管付出很多时间陪伴，但因妈妈与孩子缺少亲情沟通，孩子感受不到妈妈的爱护，内心很失落，于是老人开始非常担心孩子的身心健康。乔某却对父母说，现在只想专心挣钱，提高女儿的生活质量。请问，将孩子托付给他人照顾以后家长就放弃关爱，违法吗？

依法解析

将未成年人委托给他人后，并不代表全部的监护职责一并转移给他人，父母仍然需要履行监护职责。依据《未成年人保护法》第二十三条规定，当未成年人的父母或者其他监护人将监护职责委托给他人后，需要尽到以下三个方面的义务：首先，应当将委托照护情况通过书面形式告知未成年人所在学校、幼儿园和实际居住地的居民委员会、村民委员会，并且与相关组织、机构保持沟通，时刻了解未成年人的具体情况；其次，应当定期与未成年人和被委托人联系和交流，确保未成年人能够感受到关怀和爱护；最后，如果未成年人的心理、生理出现异常情况，应当在接到通知后及时采取相应的干预措施，保障未成年人的身心健康。

本案例中，乔某虽是因为要专心发展事业，给女儿创造好的物质条件，但将女儿委托给姥姥姥爷后，工作再忙也应“与未成年人、被委托人至少每周联系和交流一次，了解未成年人的生活、学习、心理等情况，并给予未成年人亲情关爱”，这是法律的要求。

条文在线

《中华人民共和国未成年人保护法》

第二十二条　第一款　未成年人的父母或者其他监护人因外出务工等原因在一定期限内不能完全履行监护职责的，应当委托具有照护能力的完全民事行为能力人代为照护；无正当理由的，不得委托他人代为照护。

第二十三条　未成年人的父母或者其他监护人应当及时将委托照护情况书面告知未成年人所在学校、幼儿园和实际居住地的居民委员会、村民委员会，加强和未成年人所在学校、幼儿园的沟通；与未成年人、被委托人至少每周联系和交流一次，了解未成年人的生活、学习、心理等情况，并给予未成年人亲情关爱。

未成年人的父母或者其他监护人接到被委托人、居民委员会、村民委员会、学校、幼儿园等关于未成年人心理、行为异常的通知后，应当及时采取干预措施。

家长不供孩子上大学，是否违法？

育儿案例

董某因身体不好长期吃低保，家庭生活困难，不想让女儿参加高考。但女儿却背着父母报名参加了高考，直到收到录取通知书后才将这件事告诉家长。董某得知后表示，如果女儿坚持要去上大学，他是不会供的，让女儿“自谋生路”。请问，董某如果不供女儿上大学，是否违法？

依法解析

依据《民法典》第二十六条第一款的规定，父母对未成年子女有抚养、教育的义务，应当依法保障子女接受教育的权利。同时，《义务教育法》第四条与《未成年人保护法》第十六条规定，未成年人的父母或其他监护人应当保障未成年人依法接受并完成义务教育。也就是说，从原则上讲，未成年人的父母或其他监护人只需要负担义务教育范围内的教育费用。对于超出义务教育部分的教育费用，在法律上是没有义务为未成年人支付的。

本案例中，董某不愿意继续为女儿支付大学阶段的学费，从法律上讲，一方面，大学超出了义务教育的范畴，董某没有义务继续供女儿读大学；另一方面，进入大学阶段后，董某女儿将年满18周岁，是一名成年人，董某不再对女儿负有抚养义务。因此，董某无需为女儿支付大学阶段的学费。但是，从道德和情理上讲，家人应当互相关爱、互帮互助。董某可以帮助女儿申请助学贷款，以便继续完成学业。

条文在线

《中华人民共和国义务教育法》

第二条　第一款　国家实行九年义务教育制度。

第四条　凡具有中华人民共和国国籍的适龄儿童、少年，不分性别、民族、种族、家庭财产状况、宗教信仰等，依法享有平等接受义务教育的权利，并履行接受义务教育的义务。

《中华人民共和国民法典》

第二十六条　第一款　父母对未成年子女负有抚养、教育和保护的义务。

《中华人民共和国未成年人保护法》

第十六条 未成年人的父母或者其他监护人应当履行下列监护职责：

…………

（五）尊重未成年人受教育的权利，保障适龄未成年人依法接受并完成义务教育；

…………

父母对非婚生子女不负担抚养费行吗？

育儿案例

莫某与前女友同居生活了5年，并育有一个孩子。但最终两人因琐事分手，孩子由女方直接抚养。之后，莫某经人介绍认识了年轻美丽的韩某。莫某为了不让韩某发现他已经有个孩子，便与前女友和孩子断绝了一切联系，也没有再按照约定每个月给孩子抚养费。请问，莫某的行为是否合法？

依法解析

依据我国《民法典》第一千零七十一条的规定可知，在法律上，非婚生子女与婚生子女的地位是平等的。也就是说，无论子女是否在婚姻存续期间内出生，只要与父母之间存在血缘关系，父母就有义务将其抚养长大，对其承担抚养、教育和保护的责任。如果父母因非婚生子女的身份不履行抚养义务的，那么未成年子女有权利要求其依法给付抚养费。

莫某与前女友的孩子虽是非婚生子女，但是，这不能否定莫某与孩子之间存在父母子女关系的事实，莫某仍然需要对这个孩子承担抚养义务。莫某没有直接抚养孩子，应当按照与前女友之间的约定定期向孩子支付抚养费。莫某对孩子的抚养义务并不会因为其成立新的家庭而终止，即使与他人结婚，又生育了其他孩子，也仍然需要对与前女友的孩子负担抚养费。

条文在线

《中华人民共和国民法典》

第一千零六十七条　第一款　父母不履行抚养义务的，未成年子女或者不能独立生活的成年子女，有要求父母给付抚养费的权利。

第一千零七十一条　非婚生子女享有与婚生子女同等的权利，任何组织或者个人不得加以危害和歧视。

不直接抚养非婚生子女的生父或者生母，应当负担未成年子女或者不能独立生活的成年子女的抚养费。

丈夫多年不履行对孩子的抚养义务，能要求其支付抚养费吗？

育儿案例

当年，凌某和苗某在父母的催促下匆匆结婚，婚后感情一直不是很好。孩子出生以后，两人之间的矛盾越来越大，但碍于世俗的眼光及父母的反对，两人并没有离婚。孩子3岁时，凌某以工作为由，从家里搬了出去，在公司附近另外租了一间房子居住，此后基本上不回家，对孩子也不闻不问，孩子全靠苗某一人抚养。眼看儿子都要到上学的年纪了，凌某却一直没有向苗某付过抚养费。苗某考虑到等儿子上学以后开销势必会增加，于是，想要向凌某索要这几年的抚养费。请问，苗某和凌某还没离婚，能要求凌某支付抚养费吗？

依法解析

在大部分情况下，抚养费是夫妻离婚后，由不直接抚养子女的一方给子女的费用，是履行对子女抚养义务的体现。因此，抚养费纠纷大多发生在夫妻离婚之后。但是，有时也会出现夫妻尚未离婚，一方或双方不对子女履行抚养义务的情况。对此，依据《民法典》第一千零六十七条第一款及《最高人民法院关于适用〈中华人民共和国民法典〉婚姻家庭编的解释（一）》第四十三条的规定，子女有权要求不履行抚养义务的父母给付抚养费。

在上面的案例中，凌某和苗某虽然尚未离婚，但是两人一直分居，凌某也并没有对儿子尽到应尽的抚养义务。在这种情况下，苗某有权以法定代理人的身份，代替儿子向法院提起诉讼，要求凌某支付抚养费，并承担抚养义务。

条文在线

《中华人民共和国民法典》

第一千零六十七条　第一款　父母不履行抚养义务的，未成年子女或者不能独立生活的成年子女，有要求父母给付抚养费的权利。

《最高人民法院关于适用〈中华人民共和国民法典〉婚姻家庭编的解释（一）》

第四十三条　婚姻关系存续期间，父母双方或者一方拒不履行抚养子女义务，未成年子女或者不能独立生活的成年子女请求支付抚养费的，人民法院应予支持。

姥姥姥爷帮忙带孩子，父母就能不支付抚养费吗？

育儿案例

多多两岁时妈妈因病去世，多多的爸爸王某就既当爹又当娘。看外孙女可怜，姥姥便将多多接到自己家抚养，让王某专心工作。刚开始，王某每个月都会向老人家支付多多的抚养费。可几年后，王某建立了新的家庭，并且与新一任妻子又生了一个孩子。此后便再也没有给过多多的抚养费。孩子平时的吃穿用度及上学报课外班的费用，都是由姥姥姥爷支付。老两口因退休金有限，于是向王某索要多多的抚养费，但是王某以他们是自愿抚养多多为由拒绝支付。请问，王某应该向姥姥支付自己孩子的抚养费吗？

依法解析

依据我国《民法典》第二十六条第一款的规定，父母对未成年子女负有抚养义务。也就是说，子女在成长过程中需要的生活费、医疗费、学费等费用，都应当由父母来支付。如果父母不支付这些抚养费用的，未成年子女有权依据本法第一千零六十七条的规定，采取法律手段要求父母支付。

依据《民法典》第一千零七十四条第一款的规定可以看出，只有未成年人的父母均去世或者没有抚养能力的时候，祖父母或者外祖父母才有抚养未成年人的义务。本案例中，多多的父亲仍然在世，并且有着正当工作，完全有能力抚养多多。姥姥并没有抚养多多的义务，老人帮忙照顾多多，是出于外祖父母对外孙女的关心，虽然是自愿的，但是多多的抚养费仍然需要由王某来支付。

条文在线

《中华人民共和国民法典》

第二十六条　第一款　父母对未成年子女负有抚养、教育和保护的义务。

第一千零六十七条　父母不履行抚养义务的，未成年子女或者不能独立生活的成年子女，有要求父母给付抚养费的权利。

第一千零七十四条　第一款　有负担能力的祖父母、外祖父母，对于父母已经死亡或者父母无力抚养的未成年孙子女、外孙子女，有抚养的义务。

父母明知孩子常常出入网吧而不制止，合法吗？

育儿案例

小光从小就不爱学习，由于成绩差自信心受损，初中毕业便不再上学。父母失望之余也对他疏于管教，因此小光经常发生惹是生非要父母赔偿的事情。后来，小光的一个朋友向他推荐了一款网络游戏。自从接触这款网络游戏以后，他就嫌家里的电脑不够流畅，还会和几个朋友约着一起到网吧去玩儿。父母知道小光经常出入网吧，但又觉得去网吧总比每天到处惹事好，便放任自流。请问，家长明知孩子经常出入网吧而不制止，合法吗？

依法解析

父母或其他监护人应当对未成年人进行教育和管理，帮助他们培养健康向上的兴趣爱好。当发现未成年人的行为不当时，应当及时制止并纠正。依据我国《未成年人保护法》第十七条的规定，如果父母或其他监护人发现未成年人沉迷网络、进入网吧等不适合未成年人活动的场所时，必须制止并纠正未成年人的行为。如果像小光的父母这样，对未成年人沉迷网络不管不顾继续放任，说明家长并没有尽到应尽的监护职责。当地居委会、村委会及父母或其他监护人所在单位等，都可以对未成年人的父母或其他监护人进行批评教育，并监督其履行监护职责。

提示家长，还应对允许未成年人进入的“黑网吧”向当地市场监督管理部门反映，依法对其进行处罚。

条文在线

《中华人民共和国未成年人保护法》

第十七条 未成年人父母或者其他监护人不得实施下列行为：

…………

（六）放任未成年人沉迷网络，接触危害或者可能影响其身心健康的图书、报刊、电影、广播电视节目、音像制品、电子出版物和网络信息等；

（七）放任未成年人进入营业性娱乐场所、酒吧、互联网上网服务营业场所等不适宜未成年人活动的场所；

…………

未成年人也有隐私权吗？担心孩子早恋就可以偷看孩子的聊天记录吗？

育儿案例

秀秀不仅学习成绩优秀，人也长得亭亭玉立，是人见人夸的好孩子。父母从小就对秀秀管教很严，各种补习班从不间断，自从秀秀上了高中以后，他们不仅仅看重女儿的成绩，还担心女儿会早恋。于是，夫妻俩常常偷偷翻看女儿的日记本、IPAD、手机的信息和通话记录等，试图找出女儿是否早恋的蛛丝马迹。女儿发现后与父母大吵一架，认为他们侵犯了她的隐私。请问，未成年人也有隐私权吗？父母偷看孩子的日记、通讯信息行吗？

依法解析

依据我国《民法典》第一千零三十二条的规定，每个人都享有隐私权，即使是未成年的孩子也不例外。未成年人虽然还没有完全发育成熟，但他们享有完整的人格，人格尊严应当得到尊重。在教育未成年子女时，父母和其他监护人应当注意方式方法，尊重未成年子女的人格权。依据《未成年人保护法》第四条及《家庭教育促进法》第五条的规定，对未成年人进行家庭教育时一定要注重保护未成年人的隐私。

本案例中，家长因为担心女儿早恋影响学习，便私下偷看女儿的日记等隐私信息。虽然父母的出发点是为了女儿好，但方式方法是不对的。肆意侵犯女儿的隐私并不能从根本上遏制女儿早恋，反而会造成孩子对父母的不信任感，让亲子关系出现裂痕。如果女儿真的出现早恋问题，父母也应首先与女儿沟通和交流，更应依法保护未成年人隐私权。

条文在线

《中华人民共和国民法典》

第一千零三十二条 自然人享有隐私权。任何组织或者个人不得以刺探、侵扰、泄露、公开等方式侵害他人的隐私权。

隐私是自然人的私人生活安宁和不愿为他人知晓的私密空间、私密活动、私密信息。

《中华人民共和国未成年人保护法》

第四条 保护未成年人，应当坚持最有利于未成年人的原则。处理涉及未成年人事项，应当符合下列要求：

（一）给予未成年人特殊、优先保护；

（二）尊重未成年人人格尊严；

（三）保护未成年人隐私权和个人信息；

（四）适应未成年人身心健康发展的规律和特点；

（五）听取未成年人的意见；

（六）保护与教育相结合。

《中华人民共和国家庭教育促进法》

第五条 家庭教育应当符合以下要求：

（一）尊重未成年人身心发展规律和个体差异；

（二）尊重未成年人人格尊严，保护未成年人隐私权和个人信息，保障未成年人合法权益；

（三）遵循家庭教育特点，贯彻科学的家庭教育理念和方法；

（四）家庭教育、学校教育、社会教育紧密结合、协调一致；

（五）结合实际情况采取灵活多样的措施。

强迫未成年的女儿相亲嫁人，是否合法？

育儿案例

小丽的爸爸在村里是有名的重男轻女的人，认为女孩读那么多书一点用都没有，早早就打算着让女儿出嫁，省下钱供儿子上大学。

于是，女儿初中刚一毕业，他就联系当地的媒人说亲。尽管女儿想要继续上学，但在父亲的强迫下，只能与媒人介绍的对象相亲。父亲还替小丽做主，直接和对方定下了婚约，约定半年以后举办婚礼。请问，强迫还未成年的女儿相亲嫁人是否合法？

依法解析

依据我国《未成年人保护法》第十七条第九项的规定，未成年人的父母或者其他监护人不得允许或迫使未成年人结婚或者为未成年人订立婚约。

也就是说，未成年人的父母或其他监护人不仅不能主动要求未成年人结婚，当未成年人自愿结婚时，父母或其他监护人还应当制止。

一方面，未成年人身心尚未完全发育成熟，不具备完全民事行为能力，没有能力组建家庭、承担家庭的责任，未成年人的主要任务应当是好好学习，在未来成为建设国家的人才；另一方面，依据我国《民法典》第一千零四十七条的规定，未成年人并没有到达法定结婚年龄，无法在法律上缔结婚姻关系。

小丽刚满 15 周岁，还是个未成年人。父亲强迫女儿相亲的行为不仅违反法律，也违背了作为父母应当尽到的责任。家长必须扭转观念，依法履行家长职责。至于结婚的问题，应当等到女儿到达法定结婚年龄以后，由女儿自己决定是否要和他人组成家庭。

条文在线

《中华人民共和国未成年人保护法》

第十七条　未成年人的父母或者其他监护人不得实施下列行为：

…………

（九）允许、迫使未成年人结婚或者为未成年人订立婚约；

…………

《中华人民共和国民法典》

第一千零四十六条　结婚应当男女双方完全自愿，禁止任何一方对另一方加以强迫，禁止任何组织或者个人加以干涉。

第一千零四十七条 结婚年龄，男不得早于二十二周岁，女不得早于二十周岁。

第二节 抚养与收养相关法律常识

孩子年幼，离婚时抚养权一般归谁?

育儿案例

丁某和华某婚后几年终于有了孩子。华某在怀孕期间，性格变得敏感易怒，经常因一点小事就和丁某吵架，而丁某也并没有因为妻子怀孕就体谅她，反而与他人发生婚外情。不久孩子出生，丁某因此有了责任感，与婚外情对象分了手。但孩子1岁多时，华某无意间发现丈夫在她怀孕期间出轨，感到无法忍受，遂向丁某提出离婚。丁某认为自己愧对华某，便同意了。但是，两人都想要孩子的抚养权。请问，在孩子过于年幼的情况下，抚养权一般归谁?

依法解析

一般来说，子女的抚养权由父母之间自由协商，只要有利于子女的成长，由父母双方哪一方直接抚养都是可以的。依据我国《民法典》第一千零八十四条的规定，在确定抚养权问题时，有以下几个方面需要注意：第一，不满2周岁的子女原则上由母亲直接抚养，但是如果经过协商由父亲直接抚养对子女的成长更有利的，也可以由父亲直接抚养。同时，如果母亲有《最高人民法院关于适用〈中华人民共和国民法典〉婚姻家庭编的解释(一)》中所规定的情形，父亲可以向法院提起直接抚养子女的请求；第二，子女年满2周岁的，如果父母双方对抚养权问题协商不成，可以请求法院判决，法院应当按照最有利于未成年子女的原则进行判决；第三，子女年满8周岁的，无论是父母协商确定抚养权问题，还是通过诉讼方式确定抚养权问题，都应当尊重子女的真实意愿。

在上面的案例中，孩子父母在离婚时都想要孩子的抚养权。依照法律的规定，原则上孩子应当由母亲抚养。这是因为孩子还只有1岁多，在生活上更为依赖母亲。如果父亲也想取得抚养权，可以在孩子年满8周岁以后询问孩子的意见，到时可以变更抚养权。当然，无论谁直接抚养孩子，都应当尽到父母的责任，父母双方不能因离婚而减少对孩子的关怀，避免因离婚给孩子的成长造成影响。

条文在线

《中华人民共和国民法典》

第一千零八十四条 父母与子女间的关系，不因父母离婚而消除。离婚后，子女无论由父或者母直接抚养，仍是父母双方的子女。

离婚后，父母对于子女仍有抚养、教育、保护的权利和义务。

离婚后，不满两周岁的子女，以由母亲直接抚养为原则。已满两周岁的子女，父母双方对抚养问题协议不成的，由人民法院根据双方的具体情况，按照最有利于未成年子女的原则判决。子女已满八周岁的，应当尊重其真实意愿。

《最高人民法院关于适用〈中华人民共和国民法典〉婚姻家庭编的解释（一）》

第四十四条 离婚案件涉及未成年子女抚养的，对不满两周岁的子女，按照民法典第一千零八十四条第三款规定的原则处理。母亲有下列情形之一，父亲请求直接抚养的，人民法院应予支持：

（一）患有久治不愈的传染性疾病或者其他严重疾病，子女不宜与其共同生活；

（二）有抚养条件不尽抚养义务，而父亲要求子女随其生活；

（三）因其他原因，子女确不宜随母亲生活。

夫妻想分手却都不想抚养孩子，怎么解决？

育儿案例

方某和纪某夫妻聚少离多，感情越来越淡，两人都分别有了其他的恋爱对象。于是，经过协商决定离婚。可两人都认为带着孩子对自己的新生活来说是个拖累，因此就孩子的抚养权一时争执不下。后来方某诉至法院，起诉离婚并请求法院对孩子的抚养权问题进行判决。请问，孩子的抚养权问题该怎么解决?

依法解析

夫妻离婚时，双方都不想要子女的抚养权也属于抚养权纠纷的一种。依据我国《最高人民法院关于适用〈中华人民共和国民法典〉婚姻家庭编的解释（一）》第六十条的规定，如果夫妻双方在向法院提起离婚诉讼以后，都不愿意抚养子女，可以由法院先行裁定暂时由其中一方抚养子女。这是因为父母对子女负有最为直接的抚养义务，即使双方都放弃了子女的抚养权，子女也必须由其中一方抚养。当法院作出裁定后，双方可以进一步协商，来确定孩子究竟和谁一起生活更加有利于孩子的成长。

根据本案例情况，法院可以先行裁定孩子由方某或纪某中的一方直接抚养。法院作出裁定后，当事人必须履行。父母对子女的抚养义务并不单单是法律规定的，而是天然就有的。每一个对自己有正常道德要求的人，都会自觉负担抚养子女的责任。父母双方都不愿意抚养子女，必然会在一定程度上对子女产生影响，不利于子女的成长。为了子女考虑，无论父母是否在一起生活，都应当多关心和爱护子女。

条文在线

《最高人民法院关于适用〈中华人民共和国民法典〉婚姻家庭编的解释（一）》

第六十条 在离婚诉讼期间，双方均拒绝抚养子女的，可以先行裁定暂由一方抚养。

父母争夺抚养权，孩子的姥姥能要求孩子归自己抚养吗？

育儿案例

自从芬芬出生后，为了缓解小两口的生活和工作压力，芬芬的姥姥主动把孩子接到自己家照顾。在芬芬姥姥的帮助下，夫妻俩生活轻松很多。随着婚姻生活的持续，两人发现共同兴趣与观念有很大差别，决定离婚。但他们都非常爱孩子，两人因芬芬的抚养权起了争执，并且很久都没有讨论出结果。芬芬姥姥见状，便提出芬芬一直和她一起生活，干脆由她来抚养最合适。请问，芬芬姥姥能取得孩子的抚养权吗？

依法解析

一般来说，子女应当由父母直接抚养。祖父母、外祖父母协助父母抚养孩子，并不是他们在法律意义上享有抚养权。依据我国《民法典》第一千零七十四条第一款的规定，只有在父母双亡或者无力抚养的情况下，祖父母、外祖父母才可能取得抚养权。

如果祖父母、外祖父母确实想要抚养未成年孙辈，那么依据《最高人民法院关于适用〈中华人民共和国民法典〉婚姻家庭编的解释（一）》第四十七条的规定，在父母双方均想要直接抚养子女并且条件基本相同的情况下，如果子女曾单独随祖父母、外祖父母共同生活多年的，那么可以将此作为确定抚养权的优先条件，让子女继续跟随祖父母、外祖父母生活。

在上面的案例中，芬芬从出生一直由姥姥帮忙照顾，她们之间存在很深的感情。但是，芬芬姥姥并不能争夺抚养权，只能将她照顾芬芬这一事实作为参考来确定抚养权的归属。芬芬的父母在协商确定抚养权问题时，应当将这一情况纳入考虑范围，在充分考虑芬芬的成长及心理需要之后，再进行决定。芬芬与姥姥的感情深厚，让芬芬和姥姥强行分开无疑会给芬芬的心灵造成伤害。依法，这种情况可以考虑由芬芬的母亲取得抚养权。

条文在线

《中华人民共和国民法典》

第一千零七十四条　第一款　有负担能力的祖父母、外祖父母，对于父母已经死亡或者父母无力抚养的未成年孙子女、外孙子女，有抚养的义务。

《最高人民法院关于适用〈中华人民共和国民法典〉婚姻家庭编的解释（一）》

第四十七条　父母抚养子女的条件基本相同，双方均要求直接抚养子女，但子女单独随祖父母或者外祖父母共同生活多年，且祖父母或者外祖父母要求并且有能力帮助子女照顾孙子女或者外孙子女的，可以作为父或者母直接抚养子女的优先条件予以考虑。

离婚确定孩子的抚养权时，孩子的想法重要吗？

育儿案例

严某和樊某有个10岁的儿子。樊某是个女强人，事业如日中天。而严某在儿子3岁时就失业了，此后一直没有正式工作，主要在家照顾儿子。严某身为“家庭主夫”的日子越长，周围人的议论就越多，纷纷指责严某在家“吃软饭”。久而久之，严某心里也开始不平衡，总是和樊某发生矛盾。两人考虑一段时间后，决定结束这段婚姻关系。离婚时，两人都认为樊某的经济实力更强，儿子和妈妈在一起生活更有利。但是，儿子认为自己和爸爸的感情更深，想跟随严某一起生活。请问，严某儿子的想法重要吗？

依法解析

依据我国《民法典》第一千零八十四条第三款的规定可以看出，当子女年满 8 周岁之后，父母离婚时要确定抚养权问题，必须尊重子女的意见。这是因为在未成年人年满 8 周岁之后，智力发展进入了一个新的阶段，对日常生活中的事务有了一定的判断能力，可以根据自己的意愿决定跟谁一起生活。这样规定能在最大程度上保护未成年人的感情不受伤害，降低父母离婚对未成年人所带来的影响。

在上面的案例中，因为女方经济实力更强，双方决定让儿子跟随妈妈一起生活。虽然这个理由考虑到儿子未来的生活质量，但是却忽略了孩子的内心想法。严某照顾儿子多年，父子感情更深，虽然让儿子跟随妈妈生活能够保证生活质量，但是和爸爸一起能更有利于儿子的身心健康，也是儿子的选择，因此，父母应当尊重儿子的意愿，由爸爸直接抚养儿子。

条文在线

《中华人民共和国民法典》

第一千零八十四条　第三款　离婚后，不满两周岁的子女，以由母亲直接抚养为原则。已满两周岁的子女，父母双方对抚养问题协议不成的，由人民法院根据双方的具体情况，按照最有利于未成年子女的原则判决。子女已满八周岁的，应当尊重其真实意愿。

孩子抚养费的数额确定后，还能增加吗？

育儿案例

曹某和毕某离婚时，约定女儿由女方直接抚养，曹某每月支付 1500 元的抚养费。但某天，女儿突然身体不适，医院检查后发现女儿患上了一种罕见的遗传病。这种病虽然不会对生命造成威胁，但是需要长期吃药控制，否则可能影响正常生活。从此，毕某每个月都要带着女儿到医院开药以稳定病情，经济负担随之加大，母女生活质量明显下降。不得已，她便和曹某商量增加一些抚养费，但是曹某却拒绝了，他认为抚养费的数额是当初两人商量好的，怎能说变就变。请问，如果毕某向法院提起诉讼，其增加抚养费的要求能得到支持吗？

依法解析

夫妻在离婚时，如果有子女的，应当协商确定好子女的抚养费数额。但是，由于生活不断发展变化，可能出现各种各样的意外情况。因此在达成协议以后，双方还可以协商变更数额。如果无法达成协议，可以依据《民法典》第一千零八十五条的规定，向法院提起诉讼，要求变更抚养费数额。《最高人民法院关于适用〈中华人民共和国民法典〉婚姻家庭编的解释（一）》第五十八条规定，当存在以下情况时，应当支持增加抚养费的要求：（一）原定抚养费数额不足以维持当地实际生活水平；（二）因子女患病、上学，实际需要已超过原定数额；（三）有其他正当理由应当增加。

此案例夫妻虽约定了女儿抚养费的数额及支付方式，但是，女儿因患病原本约定的抚养费数额明显不够。在这种情况下，毕某可以代替女儿提出增加抚养费的要求。如果与曹某协商不成，毕某可代女儿诉至法院。

条文在线

《中华人民共和国民法典》

第一千零八十五条 离婚后，子女由一方直接抚养的，另一方应当负担部分或者全部抚养费。负担费用的多少和期限的长短，由双方协议；协议不成的，由人民法院判决。

前款规定的协议或者判决，不妨碍子女在必要时向父母任何一方提出超过协议或者判决原定数额的合理要求。

《最高人民法院关于适用〈中华人民共和国民法典〉婚姻家庭编的解释（一）》

第五十八条 具有下列情形之一，子女要求有负担能力的父或者母增加抚养费的，人民法院应予支持：

（一）原定抚养费数额不足以维持当地实际生活水平；

（二）因子女患病、上学，实际需要已超过原定数额；

（三）有其他正当理由应当增加。

不经协商能强行变更孩子的抚养权吗?

育儿案例

朱某和袁某离婚时，2岁的儿子跟随母亲朱某一起生活。但3年后，袁某一直没有找到合适的再婚对象，便想要找朱某复婚。可朱某对袁某早已心灰意冷，袁某见复婚无望便想抢到儿子的抚养权。此后袁某便时常给儿子买各种各样的礼物，并问儿子是否愿意和他一起生活，儿子拿着这些心爱的玩具就说愿意。于是袁某在没有通知朱某的情况下将儿子带走了，并声称从此以后儿子将和他一起生活。请问，袁某的行为违法了吗?

依法解析

夫妻离婚并确定孩子的抚养权问题以后，还可以进行抚养权的变更。但是，变更抚养权应当建立在双方知情的情况下，不能在未征求另一方同意的情况下强行变更孩子的抚养权。

依据我国《最高人民法院关于适用〈中华人民共和国民法典〉婚姻家庭编的解释（一）》第五十六条和第五十七条的规定可知，父母双方既可以协议变更子女的抚养权，也可以向法院提起变更抚养权的诉讼。要想成功变更抚养权，应当具备以下合理情形：（一）与子女共同生活的一方因患严重疾病或者因伤残无力继续抚养子女；（二）与子女共同生活的一方不尽抚养义务或有虐待子女行为，或者其与子女共同生活对子女身心健康确有不利影响；（三）已满8周岁的子女，愿随另一方生活，该方又有抚养能力；（四）有其他正当理由需要变更。如果不符合的，变更抚养权的请求很可能无法得到法院的支持。

此案例中，袁某与朱某离婚后，约定儿子由女方朱某直接抚养。此时，袁某可以行使探望权，定期探望儿子。如果袁某想要回儿子的抚养权，可以与朱某进行协商，或者向法院提起诉讼。对袁某以探望为名直接将儿子带走的行为，朱某有权要求他将儿子送回，还可以向法院提起诉讼，要求法院确认抚养权。总之，要变更抚养权的，父母应当共同协商，同时要考虑子女的感受。

条文在线

《最高人民法院关于适用〈中华人民共和国民法典〉婚姻家庭编的解释（一）》

第五十六条 具有下列情形之一，父母一方要求变更子女抚养关系的，人民法院应予支持：

（一）与子女共同生活的一方因患严重疾病或者因伤残无力继续抚养子女；

（二）与子女共同生活的一方不尽抚养义务或有虐待子女行为，或者其与子女共同生活对子女身心健康确有不利影响；

（三）已满八周岁的子女，愿随另一方生活，该方又有抚养能力；

（四）有其他正当理由需要变更。

第五十七条 父母双方协议变更子女抚养关系的，人民法院应予支持。

放弃了孩子的抚养权，日后还能再争取吗？

育儿案例

尹某与沈某离婚时认为自己和沈某相比收入较低，而女儿只有

10岁，为了给女儿更好的生活，便放弃了女儿的抚养权。可后来尹某探望女儿时，得知沈某平时对女儿的教育方式非常粗暴，前不久还因为考试成绩不理想，用腰带抽打孩子。尹某听后十分心疼，立即决定要让女儿离开沈某，和自己一起生活。她向沈某提出了变更抚养权的要求，但是沈某却以当初尹某是自愿放弃抚养权为由拒绝了。请问，离婚时放弃孩子抚养权的一方，日后还能再争取孩子的抚养权吗？

依法解析

尹某还可以再争取女儿的抚养权。依据我国《最高人民法院关于适用〈中华人民共和国民法典〉婚姻家庭编的解释（一）》第五十六条第二项的规定，如果直接抚养子女的一方与子女共同生活对子女的身心健康有不利影响的，另一方可以向法院提起诉讼，要求变更扶养关系。在确定未成年子女的抚养权问题时，应当以有利于子女为原则。如果直接抚养子女的一方存在对子女不利的情况，此时应当变更所有权，否则可能会严重影响子女的身心健康，不利于子女的成长。

本案例中，沈某对女儿的“暴力教育”很可能会给女儿的身心造成伤害。此时，尹某虽然当时放弃了孩子抚养权，但面对沈某实施不利于女儿身心健康的行为，尹某依然有权要求变更女儿的抚养权。尹某可以与沈某协商，也可以直接向法院提起诉讼，请求法院作出变更抚养权的判决。

条文在线

《最高人民法院关于适用〈中华人民共和国民法典〉婚姻家庭编的解释（一）》

第五十六条 具有下列情形之一，父母一方要求变更子女抚养关系的，人民法院应予支持：

…………

（二）与子女共同生活的一方不尽抚养义务或有虐待子女行为，或者其与子女共同生活对子女身心健康确有不利影响；

…………

第五十七条 父母双方协议变更子女抚养关系的，人民法院应予支持。

酗酒成性，还能来探望孩子吗？

育儿案例

结婚后，魏某才发现蔡某脾气非常暴躁，总是因为一点小事暴跳如雷。魏某觉得和他继续一起生活，对她和孩子的心理健康都不利，便要求与蔡某离婚，孩子由自己抚养，蔡某可以随时来探望。几年后，蔡某做生意失败，染上了酗酒的毛病，甚至来探望孩子时，也总是醉醺醺的。久而久之，孩子在家总是模仿他的醉态，魏某认为蔡某的行为已经给孩子造成了不良影响，便拒绝蔡某继续探望孩子。请问，魏某能不让蔡某探望孩子吗？

依法解析

一般来说，离婚后不直接抚养子女的一方要求探望子女，另一方应当配合。但是，依据《民法典》第一千零八十六条的规定，如果父亲或者母亲探望子女会给子女的身心健康带来不利影响的，可以中止探望权的行使。但这并不代表另一方可以直接拒绝对方来探望子女，而是应当向法院提出申请，由法院对事实进行判断后，再作出终止探望的决定。中止的事由消失以后，应当恢复行使探望权。如果此时另一方仍然阻碍对方行使探望权，不直接抚养子女的一方有权向法院提起诉讼。

蔡某酗酒，每次来探望孩子时也总是喝得醉醺醺的，在一定程度上给孩子造成了不良的影响。此时，魏某应尽快向法院提出中止探望的申请，由人民法院依法中止探望。此后蔡某要想继续探望孩子，必须在改掉酗酒的毛病以后才能恢复。父母不能给孩子充当反面教材。

条文在线

《中华人民共和国民法典》

第一千零八十六条 离婚后，不直接抚养子女的父或者母，有探望子女的权利，另一方有协助的义务。

行使探望权利的方式、时间由当事人协议；协议不成的，由人民法院判决。

父或者母探望子女，不利于子女身心健康的，由人民法院依法中止探望；中止的事由消失后，应当恢复探望。

《最高人民法院关于适用〈中华人民共和国民法典〉婚姻家庭编的解释（一）》

第六十八条 对于拒不协助另一方行使探望权的有关个人或者组织，可以由人民法院依法采取拘留、罚款等强制措施，但是不能对子女的人身、探望行为进行强制执行。

夫妻想要收养一个孩子，需要满足什么样的条件？

育儿案例

金某得知自己的基因中含有一种隐性的致病基因，如果生育孩子，很可能使孩子患上无法治愈的遗传病。经与丈夫协商，小两口决定不再生育自己的孩子。但是，他们都不满30岁，还很年轻，喜欢孩子的两人还是想要感受抚养孩子长大的过程，便决定到福利院收养一个小孩。为了收养孩子，夫妻俩也做了充足的准备工作。请问，他们能领养孩子吗？收养孩子需要满足什么样的条件？

依法解析

依据我国《民法典》第一千零九十八条的规定，收养人想要收养子女，应当同时具备以下条件：（一）无子女或者只有一名子女；（二）有抚养、教育和保护被收养人的能力；（三）未患有在医学上认为不应当收养子女的疾病；（四）无不利于被收养人健康成长的违法犯罪记录；（五）年满 30 周岁。收养制度是为了能让失去家庭的未成年人重新感受到家庭的温暖，因此需要从方方面面保障被收养人的权利。这条规定能够从经济能力、教育能力、抚养能力等各个方面对收养人进行限制，从而保障未成年人在被收养后能够健全地成长。如果收养人有任一条件不满足的，都不能收养子女。

本案例中，两人想收养子女，必须等到年满 30 周岁以后，可以到当地的福利机构进行咨询，了解收养子女的具体流程。收养子女以后，应当进行登记，收养行为才能发生法律效力。收养关系成立后，金某夫妻与养子女之间就形成了法律上的父母子女关系，应当依法履行抚养义务。

条文在线

《中华人民共和国民法典》

第一千零九十八条 收养人应当同时具备下列条件：

（一）无子女或者只有一名子女；

（二）有抚养、教育和保护被收养人的能力；

（三）未患有在医学上认为不应当收养子女的疾病；

（四）无不利于被收养人健康成长的违法犯罪记录；

（五）年满三十周岁。

单身男性想要收养一个小女儿，有什么限制条件吗？

育儿案例

傅某与妻子结婚后不久，便发现妻子怀孕了。得知妻子怀孕的消息以后，傅某十分期待孩子的到来。没想到，还没到预产期，妻子却突然感觉身体不适，他们的女儿早产出世后不幸夭折，而傅某的妻子也因为产后大出血离开了人世。一夜之间痛失两个亲人，对傅某是个很大的打击。傅某为了寄托对妻子和女儿的思念，决定到福利院收养一个小女孩，并全心全意地将她抚养长大。那么，傅某要收养女孩儿应该满足什么条件？

依法解析

依照我国法律的规定，无论是已经结婚的夫妇还是没有结婚的单身人士，都可以收养未成年子女。但是，如果收养人单身的，除了需要满足收养人应当具备的基本条件以外，还需要另行满足一个限制条件，即《民法典》第一千一百零二条规定，如果无配偶者想要收养异性子女，那么收养人和被收养人之间的年龄差距应当在 40 周岁以上。如果无配偶者收养的子女为同性，就不受此规定限制。这样规定是为了能够更好地维护被收养人的权益，避免出现因性别不同、年龄差距较小而可能出现的收养人对被收养人实施的性侵害。

在上面的案例中，傅某妻子去世后，他想要再收养一个女儿，必须保证自己的年龄与养女之间的年龄相差 40 岁以上。如果傅某已经符合其他收养子女的条件，那么在收养女儿时，就要计算好年龄差距，否则无法收养女儿。如果傅某想马上收养一个孩子，那么他可以选择收养儿子。

条文在线

《中华人民共和国民法典》

第一千一百零二条 无配偶者收养异性子女的，收养人与被收养人的年龄应当相差四十周岁以上。

生父母不想抚养孩子，能送给他人收养吗？

育儿案例

小陶和小贺恋爱两年后分手。分手后不久，小陶就发现自己怀孕了，但是小贺并不想对这个孩子负责，让小陶打掉。医生告诉小陶，她的体质很弱，如果要打掉这个孩子，以后可能一生都无法怀孕了。经过考虑，小陶还是生下了这个孩子。孩子出生后，小贺却表示小陶生孩子没经过他的同意，他是不会抚养的。见此情景，小陶的父母无奈便联系到一对没有生育能力的夫妻，想将孩子送给他们抚养。请问，小陶能将这个孩子送养吗？

依法解析

依据我国《民法典》第一千零九十三条的规定，可以被收养的未成年人主要有以下几种：（一）丧失父母的孤儿；（二）查找不到生父母的未成年人；（三）生父母有特殊困难无力抚养的子女。除了这三种情况以外，除非法律有特殊规定的，否则未成年人的父母或者其他监护人不得将未成年人送养。

此案例中，小陶和小贺在生下孩子以后都不想抚养，但两人都具有抚养能力，负有抚养孩子的义务，根据法律的规定，他们的孩子不属于可以被收养的范畴，不能送养给他人。且今后无论最终由哪一方直接抚养孩子，另一方都需要尽到相应的抚养义务。

条文在线

《中华人民共和国民法典》

第一千零九十三条 下列未成年人，可以被收养：

（一）丧失父母的孤儿；

（二）查找不到生父母的未成年人；

（三）生父母有特殊困难无力抚养的子女。

收养人以孩子性格不好为由就能解除收养关系吗?

育儿案例

裴某和柳某结婚多年都没有孩子，两人都认为无法生育亲生的孩子了。于是，他们收养了女儿蓉蓉。蓉蓉和两人生活了几个月后，柳某却突然惊喜地发现自己怀孕了。孩子出生以后，裴某和柳某都更加偏心亲生的孩子，忽视了对蓉蓉的关心。蓉蓉为了引起两人的注意，便经常故意闯祸，认为这样父母就能关心她。没想到，裴某和柳某却因此认为蓉蓉的性格有问题，想要解除和蓉蓉的收养关系。请问，收养人能以此为由解除收养关系吗?

依法解析

依据我国《民法典》第一千一百一十四条的规定，解除收养关系的方式主要有两种：协议解除和诉讼解除。在被收养人成年以前，收养人是不能通过诉讼方式解除收养关系的。但是，如果收养人与送养人双方协商一致，都同意解除收养关系的，可以解除。需要注意的是，如果被收养人在解除收养关系时已经年满 8 周岁，应当在征得本人同意后才能解除收养关系。如果被收养人不同意解除收养关系，那么收养关系不得解除。当送养人发现收养人有侵害未成年被收养人合法权益的行为时，有权要求解除收养关系。此时，无论被收养人是否成年，送养人都可以通过诉讼方式解除收养关系。

在上面的案例中，如果柳某和裴某执意想要解除，可以和送养人协商。但是，收养孩子之后也意味着背上了一份责任，随意解除收养关系会对孩子的内心造成二次伤害，不利于孩子的成长。

条文在线

《中华人民共和国民法典》

第一千一百一十四条 收养人在被收养人成年以前，不得解除收养关系，但是收养人、送养人双方协议解除的除外。养子女八周岁以上的，应当征得本人同意。

收养人不履行抚养义务，有虐待、遗弃等侵害未成年养子女合法权益行为的，送养人有权要求解除养父母与养子女间的收养关系。送养人、收养人不能达成解除收养关系协议的，可以向人民法院提起诉讼。

收养关系解除后，养父还能要求养女承担养老的责任吗？

育儿案例

己过而立之年的甄某夫妇，在收养了女儿小芸后又抱上了自己的儿子。甄某一直认为与养女小芸没有血缘关系，对小芸也没什么感情。小芸成年后，养母去世，小芸便离开家去外地务工。甄某为了给儿子买房，逼着小芸辞掉工作回乡嫁人，要拿彩礼凑齐房屋的首付款。小芸对养父失望透顶，与甄某的关系急剧恶化，最终解除了收养关系。请问，收养关系解除后，甄某还能要求小芸为其养老吗？

依法解析

依据我国《民法典》第一千一百一十八条第一款的规定，解除收养关系以后，如果存在法定情况，养子女依然需要对养父母履行一定的义务。此义务主要体现在两个方面：第一，经养父母抚养的成年养子女，对缺乏劳动能力又缺乏生活来源的养父母，应当给付生活费；第二，如果收养关系是因为成年养子女虐待、遗弃养父母而解除的，那么养父母还有权要求养子女补偿收养期间支出的抚养费。

在上面的案例中，甄某虽然对小芸没有完全尽到养父的责任，但是确实将小芸抚养成人，可以认为两人之间存在事实上的抚养关系。解除收养关系以后，如果甄某失去了劳动能力并且没有生活来源，是可以向小芸主张生活费的。

但是，如果甄某并没有生活上的困难情形，只是单纯让小芸补偿他这些年来养育小芸所花费的抚养费，这是无法得到法律支持的。

养父母与养子女之间虽然没有血缘关系，但是已经形成了家庭关系，应当互相关爱。养父母应当尽心尽力将养子女抚养长大，养子女也应当主动回报养父母的养育之恩。

条文在线

《中华人民共和国民法典》

第一千一百一十八条　第一款　收养关系解除后，经养父母抚养的成年养子女，对缺乏劳动能力又缺乏生活来源的养父母，应当给付生活费。因养子女成年后虐待、遗弃养父母而解除收养关系的，养父母可以要求养子女补偿收养期间支出的抚养费。

认为养子不好相处而解除收养关系，能要求生父母补偿支出的抚养费吗？

育儿案例

狄某的妻子在生下大女儿后就失去了生育能力。狄某心里很失望，想方设法地想收养一个男孩。而就在半年前，同村的何某与妻子一起出门时遭遇了一场车祸，妻子在车祸中丧生，何某落下了终身严重残疾。何某因无力抚养9岁的儿子小浩，便将儿子送给狄某收养。狄某抚养小浩一段时间后，发现小浩性格沉默又执拗，非常不好沟通，于是，提出要解除收养关系。何某担心如果让狄某继续抚养小浩，会对小浩的成长不利，遂双方沟通协商后，何某便同意了狄某的要求。请问，此时狄某能要求何某补偿他抚养小浩期间支出的抚养费吗？

依法解析

依据我国《民法典》第一千一百一十八条第二款的规定，如果解除收养关系的要求是生父母提出的，那么养父母在解除收养关系以后，可以要求生父母对其在养育养子女期间花费的抚养费进行适当补偿。但是，如果生父母提出解除收养关系是因为养父母虐待或者遗弃养子女的，此时养父母已经侵害到养子女的正当权益，对养子女的成长不利，解除收养关系理所当然，不能要求生父母对其花费的抚养费作出补偿。

此案例中，狄某收养小浩以后，认为与小浩性格不合，因此决定解除与小浩的收养关系。可以看出，虽然狄某并没有虐待、遗弃小浩，但是解除收养关系是狄某提出的，因此他不能要求何某补偿他抚养小浩期间支出的抚养费。

法律允许收养子女，一方面是为了弥补一些夫妇想要孩子的遗憾；另一方面是为了让失去父母或者父母无力抚养的未成年人能拥有更适合其成长的家庭。因此，收养子女不能与利益挂钩，无论是送养人还是收养人，都不能一心盘算着孩子的抚养费。

条文在线

《中华人民共和国民法典》

第一千一百一十八条　第二款　生父母要求解除收养关系的，养父母可以要求生父母适当补偿收养期间支出的抚养费；但是，因养父母虐待、遗弃养子女而解除收养关系的除外。

与养父母解除收养关系后，生父母还能要求其承担赡养义务吗？

育儿案例

小邱从小就被重男轻女的生父母抛弃，幸好遇见了善良的养母，养母将小邱抚养长大。小邱的养父却从一开始就不赞同收养她。自从养母病逝后，养父变本加厉，常常因为一点小事和小邱争吵，小邱无法忍受养父的行为，便将自己几年工作的积蓄都给了养父，要求和他解除收养关系。小邱的生父母听说小邱和养父解除了收养关系，于是找上门来，表示小邱既然已经不是别人的养女了，就还是他们的女儿，要求小邱承担赡养义务。请问，小邱需要赡养生父母吗？

依法解析

依据我国《民法典》第一千一百一十七条的规定，当养子女与养父母解除收养关系以后，养子女与生父母及其他近亲属间的权利义务关系自行恢复。但是，成年养子女与生父母及其他近亲属间的权利义务关系是否恢复，可以协商确定。也就是说，如果解除收养关系时养子女尚未成年，那么应当由生父母继续承担将未成年养子女继续抚养成人的义务；如果养子女已经成年，则需要对生父母承担赡养义务。但是，如果成年养子女坚决不同意恢复与生父母的权利义务关系的，那么生父母不能要求其承担赡养责任。

小邱在成年以后因与养父关系恶化，而解除了收养关系。此时，小邱与生父母之间的权利义务关系是否恢复，可以由小邱和生父母协商。小邱已经是成年人，有足够的能力来判断是否要重新和生父母成为一家人。如果小邱认为与生父母之间没有感情，或者无法原谅生父母当年抛弃她的行为，是有权拒绝恢复与生父母之间的权利义务关系的。小邱拒绝后，生父母不能以与小邱之间存在血缘关系为由，强行要求小邱赡养他们。

条文在线

《中华人民共和国民法典》

第一千一百一十七条　收养关系解除后，养子女与养父母以及其他近亲属间的权利义务关系即行消除，与生父母以及其他近亲属间的权利义务关系自行恢复。但是，成年养子女与生父母以及其他近亲属间的权利义务关系是否恢复，可以协商确定。

第三节　其他法律常识

不遵守“诚信原则”也会违法吗?

育儿案例

卢某是一名律师，自从有了女儿小可后，总是喜欢在日常生活中向女儿科普一些法律小常识。一天，小可放学后告诉妈妈，说她到书店买了一本25元的课外书，给了老板50元，老板在找钱的时候误找给自己35元。小可觉得自己挣了10元钱，所以很高兴。妈妈听后，立刻就带小可回到书店，将多找的10元钱退回给了书店老板，并告诉小可，从法律的角度讲，送回这10元钱也是“诚信原则”的要求。请问，什么是“诚信原则”？不遵守“诚信原则”有时也违法吗?

依法解析

“诚信原则”是规定在我国《民法典》第七条中的基本原则。这一原则不仅是法律当中的基本原则，对各个法律都有着引领作用，还和我们的生活息息相关，在生活中到处都能看到“诚信原则”的身影。

例如，我们到商场购物，购买商品后商品的所有权会发生转移，买卖双方也会形成法律上的买卖合同关系，这就是一种法律行为。如果法律行为违反了“诚信原则”，就要承担相应的法律责任。再如，有时，我们在遇到法律纠纷时，可能无法准确运用某条法律规范来解决纠纷。此时，“诚信原则”可以作为填补法律缺陷的存在，指引我们解决法律纠纷。可见，不诚信有时是违背道德准则，不违法，但有时候触犯法律就是违法行为。

本案例，小可在买书时，在小可与书店老板之间形成了买卖关系，“诚信原则”对于书店老板的要求是按照书的价值将书售卖给小可，对于小可的要求是按照书的价值将价钱支付给店老板。但是，店老板多找给了小可 10 元钱，说明小可在老板不知情的情况下少付了老板 10 元钱，违背了“诚信原则”的要求。

诚信是中华民族的传统美德，家长在教育未成年子女时，可以从生活中的小事着手，随时提醒孩子“诚信原则”的重要性。教育子女坚持实事求是，在情与法冲突时站在法律一边。

条文在线

《中华人民共和国民法典》

第七条 民事主体从事民事活动，应当遵循诚信原则，秉持诚实，恪守承诺。

给孩子起个带英文字母的名字能登记身份证吗？

育儿案例

从孟某刚怀孕起，小夫妻俩就开始给孩子起名字。两个人都很年轻，想法也比较新奇前卫，想要给孩子起一个不同凡响的名字。但是讨论了好几个月，依然觉得想到的所有名字都差点意思。一天，准父亲突发奇想，提议给孩子起个英文名字，孟某听后也欣然赞同。请问，给孩子起名时，能想起什么就起什么吗？

依法解析

家长想要给孩子起个特别的名字，这种心情可以理解，但是给孩子起名应当符合法律的基本规定，不能随心所欲。依据我国《民法典》第一千零一十二条的规定，自然人有权选择自己的姓名，但是不能违反公序良俗和法律的强制性规定。举例来说，如果父母给孩子起的名字内容违背社会公德，例如让孩子叫“刘霸道”，这样的名字虽然也是父母自由选择的结果，但不符合我国“善良”的社会风俗，该姓名很可能得不到法律的承认。同时，居民身份证法》第四条，居民身份证上登记的名字应当适用规范汉字。也就是说，如果父母给孩子起的名字包含阿拉伯数字、英文字母、汉语拼音等内容，例如给孩子起名叫“王 5”，这样的姓名虽然没有违反法律，但是无法作为正式姓名被登记在身份证上。

在上面的案例中，父母想要给孩子起个包含英文字母的名字，是无法登记在身份证及户口本上的。名字可能关系到一个人的一生，在为孩子决定姓名时一定要仔细斟酌，除了要符合法律的规定以外，还要尽量避免孩子的姓名存在歧义，以免给孩子日后的生活带来困扰。

条文在线

《中华人民共和国居民身份证法》

第四条 居民身份证使用规范汉字和符合国家标准的数字符号填写。

民族自治地方的自治机关根据本地区的实际情况，对居民身份证用汉字登记的内容，可以决定同时使用实行区域自治的民族的文字或者选用一种当地通用的文字。

《中华人民共和国民法典》

第一千零一十二条 自然人享有姓名权，有权依法决定、使用、变更或者许可他人使用自己的姓名，但是不得违背公序良俗。

孩子只能随父母的姓吗？

育儿案例

准妈妈孙某认为丈夫王某的姓氏太过于大众，自己的姓也不那么好听，为给孩子起个动听的名字绞尽脑汁；而自己母亲的姓“东方”，既好听又少见，便想要让孩子随姥姥的姓。孙某将自己的想法说出来后，丈夫也开明地表示同意。请问，给孩子起名的时候只能让孩子随父母姓吗？

依法解析

得知新生命即将到来时，给孩子起名字对于父母来说是非常重要的一件大事。名字不仅仅是个代号，还包含了父母对孩子未来的期望和祝福。依据《民法典》第一千零一十五条的规定，一般来说，子女应当跟随父亲或母亲一方的姓氏。但是，在下列情况下，也可以为孩子选取其他姓氏：（一）选取其他直系长辈血亲的姓氏；（二）因由法定扶养人以外的人扶养而选取扶养人姓氏；（三）有不违背公序良俗的其他正当理由。对于少数民族的父母，可以根据本民族的具体情况，为孩子选取姓氏。

本案例中，姥姥属于孩子的直系长辈血亲，根据法律的规定，只要孩子的父母协商一致，是可以让孩子随姥姥姓的。注意，只能在孩子的祖父母、外祖父母这样的直系长辈血亲中选取姓氏，而不能让孩子跟随旁系血亲如孩子的叔叔、姨妈等旁系长辈血亲的姓氏。

条文在线

《中华人民共和国民法典》

第一千零一十五条 自然人应当随父姓或者母姓，但是有下列情形之一的，可以在父姓和母姓之外选取姓氏：

（一）选取其他直系长辈血亲的姓氏；

…………

少数民族自然人的姓氏可以遵从本民族的文化传统和风俗习惯。

家长是否应当让孩子按规定接种疫苗？

育儿案例

万某在怀孕期间定期产检时，与其他孕妇一起聊天得知，孩子出生以后，是需要接种各种疫苗的，万某以前并不知晓。回到家后，她无意中看到了一篇公众号文章，内容大致是婴儿接种疫苗会给成长发育带来影响，使孩子体质变弱等。万某没有咨询医生，只是联想到自己小的时候体弱多病，一定是接种疫苗的原因，顿时就对这篇公众号文章信以为真。孩子出生以后，其中应当接种的好几针疫苗她都没带孩子接种。请问，给孩子接种疫苗是家长的法定义务吗？

依法解析

依据我国《疫苗管理法》第六条规定，对于免疫规划范围内的疫苗，我国居民既有接种的权利，也有接种的义务。这表示我们每一个人都有权免费接种免疫规划疫苗，同时也应当主动接种。未成年人需要接种的免疫规划疫苗，父母或其他监护人应当与人民政府及相关部门相配合，主动按时为未成年人接种疫苗。接种疫苗时，父母或其他监护人应当为未成年人办理预防接种证，未成年人按照规定接种的免疫规划疫苗，都应当记录在预防接种证上。当父母或其他监护人未按照规定为未成年人接种免疫规划疫苗的，相关单位应当按照《疫苗管理法》第四十八条的规定，向接种单位报告，按照规定为未成年人补种疫苗。

此案例中，家长因为轻信公众号文章，认为接种疫苗对孩子成长有不利影响，未按照规定为孩子接种疫苗，这是对孩子健康极其不负责任的行为。接种疫苗能帮助孩子预防疾病，家长应当及时带孩子到当地的疫苗接种单位进行疫苗补种，为孩子补齐免疫规划疫苗。

条文在线

《中华人民共和国疫苗管理法》

第六条　国家实行免疫规划制度。

居住在中国境内的居民，依法享有接种免疫规划疫苗的权利，履行接种免疫规划疫苗的义务。政府免费向居民提供免疫规划疫苗。

县级以上人民政府及其有关部门应当保障适龄儿童接种免疫规划疫苗。监护人应当依法保证适龄儿童按时接种免疫规划疫苗。

第四十八条　儿童入托、入学时，托幼机构、学校应当查验预防接种证，发现未按照规定接种免疫规划疫苗的，应当向儿童居住地或者托幼机构、学校所在地承担预防接种工作的接种单位报告，并配合接种单位督促其监护人按照规定补种。疾病预防控制机构应当为托幼机构、学校查验预防接种证等提供技术指导。

儿童入托、入学预防接种证查验办法由国务院卫生健康主管部门会同国务院教育行政部门制定。

家长必须让孩子去上幼儿园吗？

育儿案例

钟某怀孕以后，为了保胎便从公司辞职，一直在家待产。孩子出生以后，为了能够专心照顾孩子，她也一直没再工作。不知不觉，孩子马上就要3周岁了，钟某就跟丈夫提议将孩子送到幼儿园，和其他小朋友多相处。但是，丈夫却表示，幼儿园也学不到什么东西，学费还贵，不如就由妻子全职在家照顾和教育孩子。请问，家长是否必须让孩子上幼儿园？如果不让孩子上幼儿园，是否违反义务教育法？

依法解析

依据我国《义务教育法》第二条的规定，我国主要实施九年义务教育制度。九年义务教育制度，就是指小学阶段和初中阶段都属于义务教育的范畴，父母或其他监护人必须保证适龄未成年人接受小学到初中阶段的教育。如果未成年人因故无法接受义务教育的，政府和学校都会提供一系列措施保障未成年人接受义务教育的权利。在义务教育阶段，学校不得以任何理由开除学生，学生和学生家长也不应放任学生在义务教育阶段辍学。

本案例中，钟某夫妻就孩子是否要上幼儿园产生了分歧。幼儿园并不在义务教育的范围内，家长可以根据家庭的实际情况决定是否要让孩子上幼儿园。

如果因家庭经济状况或者其他原因，无法让孩子去幼儿园的，对孩子日后接受义务教育也并没有什么特别大的影响。但是，让孩子上幼儿园有许多好处，例如能够加强孩子的社交能力、培养孩子的动手能力和学习兴趣、为小学阶段的学习做好基本的准备等。

条文在线

《中华人民共和国义务教育法》

第二条 国家实行九年义务教育制度。

义务教育是国家统一实施的所有适龄儿童、少年必须接受的教育，是国家必须予以保障的公益性事业。

实施义务教育，不收学费、杂费。

国家建立义务教育经费保障机制，保证义务教育制度实施。

第四条 凡具有中华人民共和国国籍的适龄儿童、少年，不分性别、民族、种族、家庭财产状况、宗教信仰等，依法享有平等接受义务教育的权利，并履行接受义务教育的义务。

《中华人民共和国未成年人保护法》

第十六条 未成年人的父母或者其他监护人应当履行下列监护职责：

…………

（五）尊重未成年人受教育的权利，保障适龄未成年人依法接受并完成义务教育；

…………

幼儿园的教学任务中包括拼音和简单算术，这合法吗？

育儿案例

郭某在女儿满3周岁后，就将她送到幼儿园。在小班时，幼儿园的课程主要是一些手工课、音乐课、舞蹈课等。升上中班以后，老师通知家长，为了帮小朋友顺利衔接小学阶段的课程，幼儿园会

逐渐开始开设拼音课和简单的算术课，等到了大班，还会开设专门的识字课程，教小朋友们学写字。家长们得知这个消息后，认为这些课程能够提高孩子们上小学以后的成绩，减轻一些学习压力，都非常赞同幼儿园的教学安排。请问，幼儿园能开设拼音课、算术课这样的小学课程吗？

依法解析

在幼儿园阶段，可以适当地为未成年人安排一些简单的手工课、绘画课、音乐课、课外活动课等课程，目的是使学龄前未成年人能够认识世界、了解世界，培养其对学习新知识的兴趣。依据我国《未成年人保护法》第三十三条第三款的规定，幼儿园是不能对学龄前儿童开展小学阶段的课程教育的。这样规定主要有两方面的原因：第一，提前让未成年人接受小学阶段的知识违背学龄前教育的基本规律，过多的知识不仅无法使未成年人理解，还会增加未成年人在学习知识时的挫败感，不利于培养未成年人对学习的兴趣；第二，幼儿园开展小学阶段的教育会使幼儿园之间形成不良竞争，导致增加对学龄前未成年人的课程安排，增加其课业压力，不利于未成年人的成长。

在上面的案例中，幼儿园要为小朋友们开设拼音课、算术课和识字课，这些课程都应当是小学阶段的教学内容，明显违反了法律的规定。家长们要放长眼光，增加孩子在幼儿园阶段的学习压力，反而会使孩子在小学阶段形成惰性思维，不利于培养良好的学习习惯。家长们可以向幼儿园提出意见，制止幼儿园安排小学课程的行为。

条文在线

《中华人民共和国未成年人保护法》

第三十三条　第三款　幼儿园、校外培训机构不得对学龄前未成年人进行小学课程教育。

父亲酗酒经常殴打孩子，母亲如何依法保护孩子？

育儿案例

冯某和吕某通过相亲认识。恋爱期间吕某对她表现得温柔体贴，没想到，婚后吕某原形毕露，经常和狐朋狗友出去喝酒，喝醉以后回到家里就耍酒疯，有时还会殴打她。冯某性格懦弱，一直不敢反抗。两人的孩子出生后，冯某本以为吕某会有所收敛，但吕某竟然变本加厉，醉酒后还会殴打孩子。冯某看着小小年纪的孩子身上青一块紫一块的，十分心疼。但是，她觉得说出去很丢人，不知道该用什么方式保护孩子。请问，面对丈夫的家庭暴力，冯某依法可以怎么做呢？

依法解析

父母和其他监护人有义务保障未成年人免受不法侵害，无论不法侵害是来自于家庭外部还是家庭内部。发现未成年人遭受家庭暴力时，父母或其他监护人应当及时制止并采取有效措施。依据我国《未成年人保护法》第二十条和《反家庭暴力法》第十三条的规定，未成年人遭遇家庭暴力时，可以由未成年人本人、其法定代理人或者其近亲属向当地的居委会、村委会、妇联等单位反映情况并寻求帮助，除此以外，还可以报警；并且，其法定代理人、近亲属还可以向法院提起诉讼，要求追究实施家庭暴力行为人的法律责任。

在上面的案例中，吕某经常在醉酒后对妻子及两人的孩子实施家庭暴力行为。此时，由于孩子年龄小，无法准确表达自己的想法，冯某可以代替孩子向有关组织和单位寻求帮助。为了防止孩子进一步受到伤害，冯某还可以向法院申请人身安全保护令。如果吕某的行为已经构成犯罪的，应当由公安机关逮捕冯某，并由法院依法作出判决，使吕某承担刑事责任。冯某还可以向法院提起诉讼，要求离婚。

此外，需要明确的是，家庭暴力行为会严重损害未成年人的身心健康，无论出于什么目的，都不能一味地采取暴力手段教育孩子。家长们不能过度迷信“棍棒底下出孝子”，而要采取科学、合理、合法的手段，对子女实施教育。

条文在线

《中华人民共和国未成年人保护法》

第二十条　未成年人的父母或者其他监护人发现未成年人身心健康受到侵害、疑似受到侵害或者其他合法权益受到侵犯的，应当及时了解情况并采取保护措施；情况严重的，应当立即向公安、民政、教育等部门报告。

《中华人民共和国反家庭暴力法》

第十三条　家庭暴力受害人及其法定代理人、近亲属可以向加害人或者受害人所在单位、居民委员会、村民委员会、妇女联合会等单位投诉、反映或者求助。有关单位接到家庭暴力投诉、反映或者求助后，应当给予帮助、处理。

家庭暴力受害人及其法定代理人、近亲属也可以向公安机关报案或者依法向人民法院起诉。

单位、个人发现正在发生的家庭暴力行为，有权及时劝阻。

第三十三条　加害人实施家庭暴力，构成违反治安管理行为的，依法给予治安管理处罚；构成犯罪的，依法追究刑事责任。

第二章

学校教育

学校是孩子重要的“圈子”。对于家长来讲，了解学校在提供教育和保护学生权益方面的法律知识，非常有必要。本章主要介绍《未成年人保护法》中关于“学校保护”的相关规定，以及《中小学教育惩戒规则（试行）》《校车安全管理条例》等规定，帮助家长了解学校在提供教育、教学活动、惩戒学生、安全保障等方面的权利义务；同时，熟悉学生和家长在此间的各项权利和义务。

第一节　教育教学相关法律常识

因突发事情无法按时到大学报到，会被取消录取名额吗？

育儿案例

不久前，小郑刚完成了人生当中重要的大考，并考取了理想中的大学。然而，就在马上要去学校报到的时候，小郑家中突发变故，无法按时去学校报到，一家人心里都非常着急。请问，如果小郑无法准时报到，会被学校取消录取名额吗？

依法解析

依据我国《普通高等学校学生管理规定》第八条的规定，学生被高等学校录取以后，应当按照学校的要求与规定的期限到学校报到。如果不能按时报到的，学生应当将原因向学校说明，请学校延后报到时间。如果学生遇到了不可抗力等正当事由，例如遭遇了自然灾害，或者因生病、受伤等确实无法到学校报到的，那么即使学生没有请假或者请假超过规定期限，也可以在事由消失以后到学校报到，不会被取消入学资格。

本案例，小郑和他的家长可以先与学校取得联系，适当延后报到时间。如果学校取消了小郑的入学资格，学校的行为是违法的，小郑和家长可以反映给相关部门，由相关部门对学校的行为进行纠正。

条文在线

《普通高等学校学生管理规定》

第八条　按国家招生规定录取的新生，持录取通知书，按学校有关要求和规定的期限到校办理入学手续。因故不能按期入学的，应当向学校请假。未请假或者请假逾期的，除因不可抗力等正当事由以外，视为放弃入学资格。

被大学以身有残疾为由拒绝招收，应该怎么办？

育儿案例

小李因年幼时遭遇的一场事故失去了双腿，只能在轮椅上度过人生。虽然身有残疾，但她学习十分刻苦努力，高考时，小李更是考出了优异的成绩，有机会报考自己理想中的大学。但是，小李考虑到上大学必须由母亲陪同随身照顾，于是选择报考了一所离家比较近的大学。报到当天，看到小李的实际情况后，学校的招生负责人委婉地拒绝了小李入学。请问，此时的小李和母亲应该怎么办？

依法解析

依据我国《高等教育法》第九条规定，我国所有公民都平等地享有接受高等教育的权利，任何人不得侵犯。对于身有残疾的公民，符合入学条件的，学校必须接受，不得拒绝。依据《残疾人保障法》第二十五条和第六十三条的规定，如果学校拒绝招收符合入学条件的残疾人入学，残疾人本人或者亲属、监护人等，都可以向有关部门举报，由有关部门责令该学校招收，并依法给予处分。除此之外，残疾人本人或者亲属、监护人等，还可以以该学校侵犯受教育权为由，对该学校提起诉讼。

在上面的案例中，小李符合该校的录取条件，该校应当保障小李受教育的权利。面对学校以小李身有残疾行动不便为由拒绝招收，家长可以帮助孩子维护正当权利。当残疾学生遇到类似情况时，不要自怨自艾，一定要据理力争，使用法律手段进行维权。

条文在线

《中华人民共和国高等教育法》

第九条 公民依法享有接受高等教育的权利。

…………

高等学校必须招收符合国家规定的录取标准的残疾学生入学，

不得因其残疾而拒绝招收。

《中华人民共和国残疾人保障法》

第二十五条 普通教育机构对具有接受普通教育能力的残疾人实施教育，并为其学习提供便利和帮助。

普通小学、初级中等学校，必须招收能适应其学习生活的残疾儿童、少年入学；普通高级中等学校、中等职业学校和高等学校，必须招收符合国家规定的录取要求的残疾考生入学，不得因其残疾而拒绝招收；拒绝招收的，当事人或者其亲属、监护人可以要求有关部门处理，有关部门应当责令该学校招收。

普通幼儿教育机构应当接收能适应其生活的残疾幼儿。

第六十三条 违反本法规定，有关教育机构拒不接收残疾学生入学，或者在国家规定的录取要求以外附加条件限制残疾学生就学的，由有关主管部门责令改正，并依法对直接负责的主管人员和其他直接责任人员给予处分。

初中生被关进少管所，还能继续接受义务教育吗？

育儿案例

小杜今年14岁，是一名初二的学生。在他小的时候，父母就双双出国工作，将他留在了国内和姥姥姥爷一起生活。由于长期得不到父母的关心，小杜性格一直很叛逆。上初中以后开始常常逃学，在社会上认识的不三不四的“朋友”挑唆下，常常做一些小偷小摸的事情，甚至为了让父母能够关注自己，居然与同伴一起持刀抢劫路人钱财，随后被关进了少管所。请问，小杜还能继续接受义务教育吗？

依法解析

依据我国《义务教育法》第四条规定，凡是具有我国国籍的适龄未成年人，都平等地享有接受义务教育的权利，即使是违法犯罪的未成年人也一样。

为了保障违法犯罪的未成年人也能像其他未成年人一样能够完整地接受义务教育，《教育法》第四十条和《义务教育法》第二十一条都对有违法犯罪行为以及被采取强制性教育措施的未成年人实施义务教育作出了规定。如果有违法犯罪行为的未成年人没有被采取强制性教育措施，那么实施义务教育的学校不能因此拒绝该未成年人入学。如果已经被采取了强制性教育措施，执行机关应当依法对该未成年人开展相关教育活动。

小杜实施了抢劫行为，由于他已经年满 14 周岁，应当负刑事责任。小杜只是一名初二的学生，还没有完成义务教育。进入少管所后，小杜仍然需要继续完成剩余的义务教育，少管所应当与当地的教育行政部门相互配合，保证小杜接受义务教育的权利。

条文在线

《中华人民共和国教育法》

第四十条 国家、社会、家庭、学校及其他教育机构应当为有违法犯罪行为的未成年人接受教育创造条件。

《中华人民共和国义务教育法》

第四条 凡具有中华人民共和国国籍的适龄儿童、少年，不分性别、民族、种族、家庭财产状况、宗教信仰等，依法享有平等接受义务教育的权利，并履行接受义务教育的义务。

第二十一条 对未完成义务教育的未成年犯和被采取强制性教育措施的未成年人应当进行义务教育，所需经费由人民政府予以保障。

初中生行为不端欺压同学，学校能直接将其开除吗？

育儿案例

小彭是一名初三的学生，是学校里的“老大”，平常遇到自己不顺心的事情，就欺负同学，同学们都很畏惧他。一天，同班的小勇因为换座位的事情和他产生了一些矛盾，小彭于是对小勇怀恨在心。他指使自己的“小弟”将小勇关在了卫生间的隔间里，还向小勇身上浇了满满一桶脏水。小勇向学校告发了小彭。其他被小彭欺负过的学生仿佛得到了勇气，也纷纷将小彭的恶行讲了出来。学校得知后当即作出开除小彭的决定，并将此决定通知小彭的家长。请问，学校可以直接将小彭开除吗？

依法解析

在义务教育阶段，实施义务教育的学校有责任保证每一名学生都能够平等地接受义务教育。如果有违反学校规章制度甚至法律法规的学生，学校也应当以批评教育为主，还可以采取其他适当的教育惩戒措施，但是不能直接将学生开除。

依据我国《义务教育法》第二十七条及《未成年人保护法》第二十八条第一款的规定，学校不能违反国家规定开除或者变相开除学生。例如，学校虽然没有直接开除学生，但是变相强制要求学生主动退学的，也是违反法律规定的。

虽然小彭的行为恶劣，但由于他还处于义务教育阶段，学校应予以批评教育而不得开除。对于学校做出的开除决定，家长可以与学校针对小彭的教育问题进行协商，保障小彭受教育的权利，必要时也可以通过向行政部门举报、起诉等法律途径来维权。

条文在线

《中华人民共和国义务教育法》

第二十七条 对违反学校管理制度的学生，学校应当予以批评教育，不得开除。

《中华人民共和国未成年人保护法》

第二十八条 第一款 学校应当保障未成年学生受教育的权利，不得违反国家规定开除、变相开除未成年学生。

老师劝说成绩差的学生放弃高考，违法吗？

育儿案例

小程是一名刚升上高三的学生。虽然学习成绩一直不好，但他非常想进入大学深造，尤在高三这一年他学习格外刻苦努力，但起色并不大。高考报名前，班主任将包括小程在内的几名同学叫到了办公室，和他们商量未来的出路问题。班主任的意思是，小程他们不擅长学习，与高考相比，他们有其他更好的出路，劝他们放弃高考。听了班主任的话，小程十分沮丧。他将这件事告诉了父母，父母认为这是学校为了提高升学率，减少报名人数。请问，学校能为了提高升学率让成绩差的学生放弃高考吗？

依法解析

依据我国《宪法》第四十六条第一款和《教育法》第九条规定，我国公民有接受教育的权利。同时，《高等教育法》第九条第一款对公民的受教育权进行了延伸，表现为公民享有接受高等教育的权利。这代表公民可以自由决定自己是否要接受高等教育，不受他人的干涉和影响。如果使用胁迫、利诱等方式干涉他人接受高等教育的，都属于侵犯他人接受高等教育权利的行为。

如果真如小程父母所认为的那样，该学校想提高升学率，便通过劝说成绩较差的学生放弃高考报名的方式，来减少本学校高考报名的基数，那肯定是不合法的。不让他们参加高考报名就等于剥夺了他们考上大学的可能性，侵犯了他们接受高等教育的权利。

条文在线

《中华人民共和国宪法》

第四十六条　第一款　中华人民共和国公民有受教育的权利和义务。

《中华人民共和国教育法》

第九条 中华人民共和国公民有受教育的权利和义务。

公民不分民族、种族、性别、职业、财产状况、宗教信仰等，依法享有平等的受教育机会。

《中华人民共和国高等教育法》

第九条 第一款 公民依法享有接受高等教育的权利。

学校要求家长必须为学生购买网课，违法了吗？

育儿案例

一天，宋某收到女儿班主任在班级群里的消息：“根据学校下学期的教学安排，部分教学内容会包含在网课中，需要家长购买网课后陪同孩子共同学习。这部分内容和课堂上教授的内容一样，也可能会出现在考试中。初一是为孩子整个中学时期奠定基础的关键时期，家长一定要重视起来，尽量购买网课。”看到信息后，家长们都纷纷响应。虽然宋某也照办了，但总觉得像是被学校强迫似的。请问，学校这种变相强迫家长购买网课的行为，是否违法？

依法解析

依据《义务教育法》第二十五条和《未成年人保护法》第三十八条第一款的规定，学校是不能通过向学生变相推销商品、服务等谋取利益的。如果学校向学生提供网课，应当建立在学校和学生家长协商同意的情况下，并且不能通过网课谋取利益。如果学校向学生和学生家长推销网课，学生家长可以向当地的教育行政部门反映情况，由教育行政部门对违法的学校进行处罚，并没收违法所得。

该学校以网课中包含教学内容为名，要求学生家长购买的行为属于向学生变相推销商品、服务，是违法的。家长可以要求学校将涉及教学内容的部分网课内容安排到日常的教学活动中。如果学校坚持要家长购买，家长可以向当地的教育行政部门举报。

条文在线

《中华人民共和国义务教育法》

第二十五条 学校不得违反国家规定收取费用，不得以向学生推销或者变相推销商品、服务等方式谋取利益。

第五十六条 第二款 学校以向学生推销或者变相推销商品、服务等方式谋取利益的，由县级人民政府教育行政部门给予通报批评；有违法所得的，没收违法所得；对直接负责的主管人员和其他直接责任人员依法给予处分。

《中华人民共和国未成年人保护法》

第三十八条 第一款 学校、幼儿园不得安排未成年人参加商业性活动，不得向未成年人及其父母或者其他监护人推销或者要求其购买指定的商品和服务。

学校减少体育课时增加文化课时，合法吗？

育儿案例

初三学生小白有一天回家后告诉爸爸，学校为了能让初三的学生专心学习，要求家长签署一个知情书，同意免除初三学生的音乐、美术等课程，以数学、语文、英语等文化课代替。出于提高儿子成绩的考虑，白某在知情书上签了字。可还没过多久，儿子却出现了厌学的情绪。此时，白某才意识到学校安排文体课程的重要性。请问，该学校压缩文体课程来增加文化课数量的做法是否合法？

依法解析

未成年人正处于生长发育的关键阶段，在生活和学习中需要劳逸结合来保证身心的健康成长。我国《义务教育法》第三十七条与《未成年人保护法》第三十三条第一款规定，学校负有保证学生休息、娱乐和体育锻炼的时间的义务。《体育法》第二十六条第一款更是有明确的规定，学校必须按照国家有关规定开齐开足体育课，确保体育课时不被占用。也就是说，学校在安排教学活动时，不能一味地重视学生文化素质水平的提高，还要重视综合素质的培养。而削减学生文体课程、增加文化课程的行为，无疑会给学生带来更大的压力，反而不利于学生提高成绩。

该学校将初三学生的文体课程取消，用文化课程来代替的教学安排，剥夺了学生放松与娱乐的时间。对于学校的此种行为，学生家长可要求学校恢复文体类课程的安排。如果学校不予配合的，家长可以向教育行政部门反映，由教育行政部门责令学校改正。

条文在线

《中华人民共和国义务教育法》

第三十七条 学校应当保证学生的课外活动时间，组织开展文化娱乐等课外活动。社会公共文化体育设施应当为学校开展课外活动提供便利。

《中华人民共和国未成年人保护法》

第三十三条 第一款 学校应当与未成年学生的父母或者其他监护人互相配合，合理安排未成年学生的学习时间，保障其休息、娱乐和体育锻炼的时间。

《中华人民共和国体育法》

第二十六条 学校必须按照国家有关规定开齐开足体育课，确保体育课时不被占用。

学校应当在体育课教学时，组织病残等特殊体质学生参加适合其特点的体育活动。

校车超员搭载学生，违法吗？

育儿案例

某学校原本配备了5辆校车。为了节省费用，便让低年级学生两人挤在一个座位上，这样就能空出两辆校车。一天，校车在行驶

过程中，执勤的交警经过检查发现核载20人的校车上，竟然乘坐了40多名学生。请问，校车超员载人，学校需要承担什么法律责任？

依法解析

依据我国《校车安全管理条例》第三十四条规定，校车载人时，必须保证人数在核定载客量内，无论出于何种理由都不得超员，这是对校车的基本安全要求。如果校车载人超过核定人数，交通管理部门就要依据《校车安全管理条例》第五十条的规定扣留车辆。由于校车安全问题关系重大，还应当依照道路交通安全法律法规的规定，从重处罚。

该学校让校车严重超员行驶，是严重违反法律规定的。一旦发生安全事故，超员载人也会加大逃生和抢救的难度。学生家长有权依法向学校反映，必要时，应向当地公安机关交通管理部门举报。

条文在线

《校车安全管理条例》

第三十四条 校车载人不得超过核定的人数，不得以任何理由超员。

学校和校车服务提供者不得要求校车驾驶人超员、超速驾驶校车。

第五十条 校车载人超过核定人数的，由公安机关交通管理部门扣留车辆至违法状态消除，并依照道路交通安全法律法规的规定从重处罚。

《中华人民共和国道路交通安全法》

第九十二条 公路客运车辆载客超过额定乘员的，处二百元以上五百元以下罚款；超过额定乘员百分之二十或者违反规定载货的，处五百元以上二千元以下罚款。

货运机动车超过核定载质量的，处二百元以上五百元以下罚款；超过核定载质量百分之三十或者违反规定载客的，处五百元以上二千元以下罚款。

有前两款行为的，由公安机关交通管理部门扣留机动车至违法状态消除。

运输单位的车辆有本条第一款、第二款规定的情形，经处罚不改的，对直接负责的主管人员处二千元以上五千元以下罚款。

学校规定“迟到就要罚款”，合法吗？

育儿案例

某中学在新学期开学以后，很多学生因为还无法适应学校的作息时间，常常有迟到现象，很长时间无法杜绝。于是，学校公布了一条新规定，凡是迟到的学生要罚款50元。这条规定公布以后，迟到的学生果然少了很多。一天，小林同学因午休时睡过了头，没能按时到校，被学校罚了款。家长认为学校对学生罚款不合理。请问，该学校对迟到学生进行罚款的行为是否合法？

依法解析

即使学生违反校规，学校也不能对学生进行罚款。根据我国《行政处罚法》第九条和第十七条的规定可以看出，罚款是行政处罚的一种，行政处罚只能由具有行政处罚权的行政机关在法定职权范围内实施。也就是说，除了具有行政处罚权的行政机关以外，其他任何个人或者组织都没有权利对他人进行罚款。而依据《中共中央、国务院关于分类推进事业单位改革的指导意见》第九条的规定，学校属于从事公益服务的事业单位，并不是行政机关，更不具有行政处罚权。因此，学校无权对违反校规的学生处以罚款的处罚。

在上面的案例中，虽然该规定有效地遏制了学生迟到现象，但是却违反了法律的规定。对于迟到的学生，学校应当以批评教育为主。如果学生屡教不改，学校和老师可以依据法律的规定对学生实施教育惩戒，但是不能通过罚款的方式惩罚学生；家长发现学校罚款，有权要求学校将罚款退回。同时，家长也需要配合学校，纠正学生的不良行为。

条文在线

《中华人民共和国行政处罚法》

第九条 行政处罚的种类：

…………

（二）罚款、没收违法所得、没收非法财物；

…………

第十七条 行政处罚由具有行政处罚权的行政机关在法定职权范围内实施。

《中共中央、国务院关于分类推进事业单位改革的指导意见》

细分从事公益服务的事业单位。根据职责任务、服务对象和资源配置方式等情况，将从事公益服务的事业单位细分为两类：承担义务教育、基础性科研、公共文化、公共卫生及基层的基本医疗服务等基本公益服务，不能或不宜由市场配置资源的，划入公益一类；承担高等教育、非营利医疗等公益服务，可部分由市场配置资源的，划入公益二类。具体由各地结合实际研究确定。

老师能让全班同学陪一名学生受罚吗？

育儿案例

小田是一名很调皮的小学生，经常不听讲扰乱秩序。这天，上课时又和邻座两个同学窃窃私语，干扰全班听讲，老师点名批评了好几次，他依然我行我素。老师一怒之下，便让全班同学和小田一起罚站，并且表示什么时候小田能认真听讲了，才让其他同学坐下。事后，有家长对老师的做法表示了不满，认为老师让没犯错的学生罚站是不合理的。请问，如果有一名同学犯错，老师能让全班同学陪他一起受罚吗？

依法解析

依据《中小学教育惩戒规则（试行）》第十二条规定，教师在实施教育惩戒时不得有下列行为：（一）以击打、刺扎等方式直接造成身体痛苦的体罚；（二）超过正常限度的罚站、反复抄写，强制做不适的动作或者姿势，以及刻意孤立等间接伤害身体、心理的变相体罚；（三）辱骂或者以歧视性、侮辱性的言行侵犯学生人格尊严；（四）因个人或者少数人违规违纪行为而惩罚全体学生；（五）因学业成绩而教育惩戒学生；（六）因个人情绪、好恶实施或者选择性实施教育惩戒；（七）指派学生对其他学生实施教育惩戒；（八）其他侵害学生权利的。如果教师实施了以上行为给学生造成了身体或心理上的损害，教师应当为此承担责任。

在上面的案例中，老师可以通过对小田同学点名批评、适当罚站、写检讨等方式进行处罚，但因为小田一个人的错误而惩罚了全班同学，其做法是不合规的。这样做不仅无法达到让小田反省错误的目的，还使其他没有犯错误的同学遭受了“无妄之灾”，进而导致大家对小田产生反感心理，破坏班级的和谐。其他同学的家长可以将情况反馈给学校，指出老师行为的不合理之处。

条文在线

《中小学教育惩戒规则（试行）》

第十二条 教师在教育教学管理、实施教育惩戒过程中，不得有下列行为：

（一）以击打、刺扎等方式直接造成身体痛苦的体罚；

（二）超过正常限度的罚站、反复抄写，强制做不适的动作或者姿势，以及刻意孤立等间接伤害身体、心理的变相体罚；

（三）辱骂或者以歧视性、侮辱性的言行侵犯学生人格尊严；

（四）因个人或者少数人违规违纪行为而惩罚全体学生；

（五）因学业成绩而教育惩戒学生；

（六）因个人情绪、好恶实施或者选择性实施教育惩戒；

（七）指派学生对其他学生实施教育惩戒；

（八）其他侵害学生权利的。

家长发现学校违规处罚学生，可以怎样维权？

育儿案例

一天，江某母女俩早上睡过了点。江某虽然以最快的速度将女儿送到了学校，但还是迟到了。晚上下班后，女儿告诉江某，今天早上因为迟到，她被老师罚站了半天。女儿又说，学校经常这样惩罚迟到的同学，就算只迟到了一分钟，也要罚站一上午。江某觉得，学校这样惩罚学生已经算是体罚了，不禁感到有些过分。请问，当家长发现学校违规处罚学生时，可以怎样进行维权？

依法解析

在教育教学活动中，学校和老师有权对违规违纪的学生实施教育惩戒，但是应当注意教育惩戒的必要性，保证所实施的教育惩戒是合法的。

依据我国《中小学教育惩戒规则（试行）》第十六条规定，家长在教育教学活动中，应当积极配合学校和老师，多多与学校和老师沟通，共同纠正学生的违规违纪行为。但是，家长也有对学校和老师实施的教育惩戒提出异议的权利。

如果家长存在异议的，可以向学校或者当地的教育行政部门举报或投诉。学校或教育行政部门在接到举报或投诉后，应当立即展开调查，查清事情真相。如果教育惩戒行为确实存在违法情形，那么应当追究老师和学校的责任；如果教育惩戒行为是合法合规的，也应当依法维护老师和学校的合法权益。

在上面的案例中，学生无正当理由迟到属于违反校规的行为，如果扰乱了教学秩序，学校和老师是可以对其进行处罚的。但是，处罚时要注意度的把握，罚站半天这样的处罚结果过重，家长可以要求学校整改这项措施。如果学校拒绝，家长便可以向当地的教育行政部门进行举报。与此同时，家长也应当尽到监护人的职责，督促孩子按时到校，避免迟到现象发生。

条文在线

《中小学教育惩戒规则（试行）》

第十二条 教师在教育教学管理、实施教育惩戒过程中，不得有下列行为：

…………

（二）超过正常限度的罚站、反复抄写，强制做不适的动作或者姿势，以及刻意孤立等间接伤害身体、心理的变相体罚；

…………

第十六条 学校、教师应当重视家校协作，积极与家长沟通，使家长理解、支持和配合实施教育惩戒，形成合力。家长应当履行对子女的教育职责，尊重教师的教育权利，配合教师、学校对违规违纪学生进行管教。

家长对教师实施的教育惩戒有异议或者认为教师行为违反本规则第十二条规定的，可以向学校或者主管教育行政部门投诉、举报。学校、教育行政部门应当按照师德师风建设管理的有关要求，及时予以调查、处理。家长威胁、侮辱、伤害教师的，学校、教育行政部门应当依法保护教师人身安全、维护教师合法权益；情形严重的，应当及时向公安机关报告并配合公安机关、司法机关追究责任。

学生违反校规携带手机，老师能直接没收吗？

育儿案例

在高一下半年的月考后，小井拿回了一张成绩优秀奖的奖状，于是父母奖励他一部手机。拿到手机后，他爱不释手，明知道学校的校规不允许学生携带手机，但还是瞒着父母偷偷将手机带到了学校。课间时间，小井将手机拿出来摆弄，结果被班主任发现并没收了，还要求他的父母到学校来取。请问，班主任能直接没收小井的手机吗？

依法解析

学校可以订立校规，在合理范围内禁止学生在上学时携带电子设备、通讯设备等。如果学生违反校规校纪，携带学校禁止携带的物品的，依据《中小学教育惩戒规则（试行）》第十一条第三款的规定，教师和学校可以对违规物品予以暂扣。

对于不属于违法和危险物品的违规物品，在没收违规物品后，学校和老师应当妥善保管，并且在适当的时间交给学生家长。如果因学校或老师保管不善，对物品造成了损害的，应当承担相应的赔偿责任。

在上面的案例中，小井明知道学校禁止学生携带手机，但仍然将手机带入校园内，这属于故意违反校规校纪的行为，老师除了可以没收手机，还可以对他进行适当的惩戒。

条文在线

《中小学教育惩戒规则（试行）》

第十一条　第三款　教师、学校对学生的违规物品可以予以暂扣并妥善保管，在适当时候交还学生家长；属于违法、危险物品的，应当及时报告公安机关、应急管理部门等有关部门依法处理。

发现孩子受人胁迫实施了不良行为，学校和家长应当怎么做？

育儿案例

小康是某小学六年级的学生。一天放学后，爸爸接他放学时，无意间发现小康正在校门口拦住几个低年级的学生，向他们索要零花钱，见此，爸爸立刻质问他为什么要这么做。小康说，几天前有个社会青年拦住他跟他要钱，见他没钱就让他去学校里找其他学生要，否则就要每天在校门口堵他。回想这几天孩子回到家总是心神不宁、惶恐不安的表现，家长立即联系了学校。请问，当学校和家长发现学生受人胁迫实施不良行为时，应当怎么做？

依法解析

未成年人的心理尚未发育完全，相对于成年人来说，意志较为薄弱，很容易受人教唆、胁迫、利诱，从而实施违法犯罪的行为。

依据我国《预防未成年人犯罪法》第三十九条规定，如果学校、监护人、居委会、村委会等发现未成年人受人教唆、胁迫、引诱实施严重不良行为的，必须及时向公安机关报告。切忌为了维护未成年人而隐瞒未成年人的行为，导致真正的违法犯罪分子逃脱法律的制裁。

依据《预防未成年人犯罪法》第三十八条规定，强拿硬要属于严重不良行为的一种。家长发现自己的孩子被人胁迫实施严重不良行为时，应当及时通知公安部门。学校和家长还需要加强对小康的保护措施，如有必要，还应当对他进行心理疏导。

条文在线

《中华人民共和国预防未成年人犯罪法》

第三十八条　本法所称严重不良行为，是指未成年人实施的有刑法规定、因不满法定刑事责任年龄不予刑事处罚的行为，以及严重危害社会的下列行为：

（一）结伙斗殴，追逐、拦截他人，强拿硬要或者任意损毁、占用公私财物等寻衅滋事行为；

…………

第三十九条　未成年人的父母或者其他监护人、学校、居民委员会、村民委员会发现有人教唆、胁迫、引诱未成年人实施严重不良行为的，应当立即向公安机关报告。公安机关接到报告或者发现有上述情形的，应当及时依法查处；对人身安全受到威胁的未成年人，应当立即采取有效保护措施。

学校让家长共同筹钱为学生宿舍安装空调，这合法吗？

育儿案例

章某的儿子在某寄宿制高中就读。进入夏天后，天气格外炎热，章某十分担心儿子在学校宿舍里休息不好或者因为高温而中暑。班里其他同学的家长也有同样的担心，便向学校反映应在学生宿舍内安装空调。学校表示，预算中并没有这项开支的计划，如果想要安装，需要家长们共同筹资。家长们讨论后，认为不能委屈了孩子，便决定向学校缴纳安装空调的费用。请问，学校向家长收取安装空调费用的行为是否合法？

依法解析

依据我国《教育法》第三十条第五项的规定，学校负有遵照国家有关规定收取费用并公开收费项目的义务。也就是说，除了国家规定的收费项目以外，学校不得擅自向学生或学生家长收取其他额外费用。

无论所收取的费用是为建设学校公共设施，还是为学生购买学习用具等，该行为都是违法的。如果学校出现违法收取费用的行为，学生及学生家长有权按照《教育法》第七十八条的规定，向教育行政部门或者其他有关行政部门举报，要求学校退还所收取的费用。

在上面的案例中，学生宿舍内的空调属于学校内部的公共设施，所需要的费用应当由学校经费支出，不能因为空调的使用者是学生就要求学生家长来承担这部分费用。该学校向家长收费安装空调的行为违反了法律的规定，应当主动将所收取的费用退还给家长。当然，在事先沟通的过程中，如果学校以经费不足推脱不安空调，家长可以向当地教育行政部门反映，由教育行政部门与学校视情况决定是否安装空调。

条文在线

《中华人民共和国教育法》

第三十条 学校及其他教育机构应当履行下列义务：

…………

（五）遵照国家有关规定收取费用并公开收费项目；

…………

第七十八条 学校及其他教育机构违反国家有关规定向受教育者收取费用的，由教育行政部门或者其他有关行政部门责令退还所收费用；对直接负责的主管人员和其他直接责任人员，依法给予处分。

第二节 在校受伤与预防校园欺凌法律常识

参加学校文艺表演时受伤，学校需要负责吗？

育儿案例

小夏从小学习舞蹈，进入中学后，每年都代表班级参加学校组织的文艺表演。今年，她表演的独舞节目又顺利被老师选中。演出的舞台是学校临时在操场上搭建的。小夏登台时，由于舞台的面积比她练习时的场地面积小，一不留神就跳到了舞台的边缘，不慎从舞台掉下摔伤。事后，家长找到学校，要求学校承担小夏的医药费。请问，学校是否需要对小夏受伤的结果负责？

依法解析

依据我国《民法典》第一千二百条和《未成年人保护法》第三十五条的规定可知，学校除了教书育人以外，还应当对在校园内学习和生活的未成年人尽到安全教育、安全管理义务，以保障未成年人的人身和财产安全。如果未成年人在学校受到损害时，学校并没有尽到安全管理义务的，那么不管事故的发生是否为学校直接造成的，都应当对未成年人的受损结果负责。但如果学校尽到了安全管理义务，则无需承担赔偿责任。

在上面的案例中，小夏受伤是发生在校园内的，那么如果此时学校没有尽到安全管理义务，就应当对小夏的受伤结果负责。舞台是由学校临时搭建的，在搭建时学校应当确保舞台的稳固性，并且通过在舞台边缘加装栏杆等加强安全性，防止发生坠落事故。由此可见，小夏的受伤，学校并没有尽到应尽的安全管理义务，学校应当对小夏的受伤承担责任。

条文在线

《中华人民共和国民法典》

第一千二百条 限制民事行为能力人在学校或者其他教育机构学习、生活期间受到人身损害，学校或者其他教育机构未尽到教育、管理职责的，应当承担侵权责任。

《中华人民共和国未成年人保护法》

第三十五条 学校、幼儿园应当建立安全管理制度，对未成年人进行安全教育，完善安保设施、配备安保人员，保障未成年人在校、在园期间的人身和财产安全。

…………

学校、幼儿园安排未成年人参加文化娱乐、社会实践等集体活动，应当保护未成年人的身心健康，防止发生人身伤害事故。

学生在集体出游时被车撞到受伤，该由谁承担责任？

育儿案例

小虎是一名小学生，其所在的学校每年都会组织春游活动，同学们自愿报名参加。小虎听说学校今年要组织去游乐园，非常期待，第一个举手报了名。春游当天，每个班有两名老师带队，为了防止有同学走丢，学校给每名同学身上都佩戴了显眼的标志。在过马路的时候，小虎突然发现自己的鞋带开了，便蹲下系鞋带，脱离了队伍，而老师一时间也没发现小虎不见了。正巧一辆拐弯的车没注意到蹲着系鞋带的小虎，不慎将小虎撞倒。随后，老师们立即将小虎送往医院，幸好只是受了轻伤。请问，谁该对小虎受伤的结果承担责任？

依法解析

依据《未成年人保护法》第三十五条规定，无论是在校园内还是在学校组织的集体出游中，学校都应当担负起保护学生人身安全和财产安全的责任，尽到必要的安全管理职责。如果未成年人在集体活动中受到伤害，且学校没有尽到安全管理义务的，那么学校应当对未成年人进行赔偿。

学校在组织学生出行时，应当考虑到学生的年龄，根据学生的不同年龄有针对性地提前对学生展开安全教育。本案例中，小虎还是一名小学生，年龄比较小。学校可以通过让学生们手拉手等方式，随时确认学生的数量，防止有人掉队。同时，依据《民法典》第一千二百零一条的规定，首先应当对小虎承担赔偿责任的是撞倒小虎的司机。除此之外，小虎的家长要确认学校在春游期间是否尽到了必要的安全管理义务。如果学校没有尽到义务，小虎的家长可要求学校承担相应的补充责任。

条文在线

《中华人民共和国民法典》

第一千二百零一条　无民事行为能力人或者限制民事行为能力人在幼儿园、学校或者其他教育机构学习、生活期间，受到幼儿园、学校或者其他教育机构以外的第三人人身损害的，由第三人承担侵权责任；幼儿园、学校或者其他教育机构未尽到管理职责的，承担相应的补充责任。幼儿园、学校或者其他教育机构承担补充责任后，可以向第三人追偿。

《中华人民共和国未成年人保护法》

第三十五条 学校、幼儿园应当建立安全管理制度，对未成年人进行安全教育，完善安保设施、配备安保人员，保障未成年人在校、在园期间的人身和财产安全。

学校、幼儿园不得在危及未成年人人身安全、身心健康的校舍和其他设施、场所中进行教育教学活动。

学校、幼儿园安排未成年人参加文化娱乐、社会实践等集体活动，应当保护未成年人的身心健康，防止发生人身伤害事故。

学生在劳动课上受伤，学校是否要承担责任？

育儿案例

某小学为了提高学生的劳动能力，开设了劳动实践课程。一天，在劳动课上，老师给五年级的同学派发的任务是从校门口将午饭食材抬到食堂。由于菜筐的体积比较大，也比较沉，抬菜筐时视线很容易被遮挡。五年级的小磊在和同学抬菜筐时，不慎被台阶绊倒，不仅脸部受伤，牙也被磕掉了一块。事故发生后，老师们连忙将小磊送往医院，花费了2000余元的医药费。请问，学校是否需要对小磊受伤承担责任？

依法解析

依据《未成年人保护法》第三十一条规定，学校是可以安排未成年学生参加劳动课程的。但是，在安排劳动课程时，学校应当注意要根据学生的年龄不同，安排与学生的体能相适应的劳动课程。并且，在劳动课程中，学校应当对学生尽到应尽的安全管理义务，防止学生在劳动课程中受到伤害。如果学校没有尽到安全管理职责的，应当民法典》第一千二百条的规定，承担相应的侵权责任。

该学校安排学生参加劳动实践课程，并让五年级的学生帮忙搬运菜筐。在作出安排时，学校应当考虑到以五年级学生的体力，是否能够胜任搬运菜筐这项劳动。并且，在搬运时，应当有老师全程看护，并告知学生安全注意事项。小磊在搬运菜筐时受伤，一方面是学校和老师并没有充分地保证学生的安全；另一方面是因为小磊作为限制民事行为能力人，虽然已经上五年级（约 11 周岁），但其本身不具备应当具备的劳动常识，缺乏风险识别能力，也存在一定的过错。因此，小磊受伤的结果应当由学校和小磊本人共同承担。小磊的家长可以要求学校在其责任范围内承担赔偿责任。而学校出于人道主义的考虑，也应当对小磊施加关怀。

条文在线

《中华人民共和国未成年人保护法》

第三十一条 学校应当组织未成年学生参加与其年龄相适应的日常生活劳动、生产劳动和服务性劳动，帮助未成年学生掌握必要的劳动知识和技能，养成良好的劳动习惯。

《中华人民共和国民法典》

第一千二百条 限制民事行为能力人在学校或者其他教育机构学习、生活期间受到人身损害，学校或者其他教育机构未尽到教育、管理职责的，应当承担侵权责任。

学生被老师批评后想不开跳楼受伤，老师和学校需要为此负责吗？

育儿案例

进入高中以后，小辉由于学习压力过大等原因被诊断患上了抑郁症。要强的他不想因为得病而让自己变得和其他人不一样，便没有将这件事告诉学校，而是照常到学校上课，但自从患病后成绩一落千丈。班主任由于并不知晓原因，总认为是因为小辉不务正业耽误了学习。一次考试过后，小辉在自习课上问其他同学习题，被巡班的班主任看到，误以为他是在和别人聊天，于是当众严厉批评了

小辉（并没有辱骂语言）。没想到小辉一时想不开从楼道的窗口跳了下去。所幸楼层不高，小辉并没有生命危险，但是双腿都骨折了。请问，班主任和学校是否应当对小辉的受伤结果负责？

依法解析

依据我国《未成年人保护法》第二十七条和《中小学教育惩戒规则（试行）》第十二条第三项的规定，在教育教学过程中，学校和老师要注意保护未成年学生的人格尊严，不得采取辱骂、侮辱等方式对学生进行教育。如果老师以侮辱性的言行侵犯了学生的人格尊严，导致学生受到伤害的，那么老师应当对伤害结果担责。该责任不仅包括老师要对学生进行赔偿，还包括老师需要教师法》第三十七条的规定被解聘。

除此以外，如果老师的侮辱行为情节严重，还可能构成《刑法》第二百四十六条所规定的侮辱罪。学校方面应当承担的责任主要是《民法典》第一千二百条所规定的未尽到安全管理义务的责任，如果学生自杀造成了学生死亡或者受伤的结果，而学校并没有尽到安全管理义务的，学校应当对此承担责任。

在上面的案例中，班主任在批评小辉时，并没有使用侮辱性的语言，其出发点也是为了让小辉能够提高成绩。如果因此而苛责班主任，无疑会给老师的教学活动带来困难。因此，小辉跳楼不能简单地认定为是班主任的责任。但是，老师在日常的教学活动中，应当多关心学生的心理状态，及时发现学生的心理问题，有针对性地采取相应的教育方式，避免类似事件发生。

从学校的角度看，如果学校未尽到应尽的安全管理义务，导致小辉从楼上坠落受到伤害，学校就应当承担一部分责任。除了学校和老师之外，小辉作为一名高中生，应当能够认识到自己的行为将会造成什么样的结果，因此小辉本身也需要对受伤结果承担责任。

条文在线

《中华人民共和国未成年人保护法》

第二十七条 学校、幼儿园的教职员工应当尊重未成年人人格尊严，不得对未成年人实施体罚、变相体罚或者其他侮辱人格尊严的行为。

《中小学教育惩戒规则（试行）》

第十二条 教师在教育教学管理、实施教育惩戒过程中，不得有下列行为：

…………

（三）辱骂或者以歧视性、侮辱性的言行侵犯学生人格尊严；

…………

《中华人民共和国教师法》

第三十七条 教师有下列情形之一的，由所在学校、其他教育机构或者教育行政部门给予行政处分或者解聘：

…………

（三）品行不良、侮辱学生，影响恶劣的。

教师有前两款第（三）项所列情形之一，情节严重，构成犯罪的，依法追究刑事责任。

《中华人民共和国刑法》

第二百四十六条 第一款 以暴力或者其他方法公然侮辱他人或者捏造事实诽谤他人，情节严重的，处三年以下有期徒刑、拘役、管制或者剥夺政治权利。

《中华人民共和国民法典》

第一千二百条 限制民事行为能力人在学校或者其他教育机构学习、生活期间受到人身损害，学校或者其他教育机构未尽到教育、管理职责的，应当承担侵权责任。

学生乘坐校车遭遇交通事故受伤，应当由谁来承担责任？

育儿案例

某学校校车载满学生行驶中，与一辆私家轿车相撞。几名学生因安全带没有系好，从座位上滚落，导致受伤。事后，家长找到学校，要求学校承担医疗费用。但学校认为这起事故完全是酒驾司机的责任，请问，学校的说法是否正确？家长应当找谁来承担赔偿责任？

依法解析

依据我国《民法典》第一千二百条的规定可以看出，当未成年人在学校学习、生活时，学校对未成年人是负有教育和管理职责的。校车虽然并不算严格意义上的校园内，但是当学生在校车上时，实际上仍然处于学校的管理之下。因此，应当将校车看作校园范围的延伸，学校同样需要对校车上的未成年学生尽到安全管理义务。如果学生在校车上因交通事故等遭受损害，而学校又没有尽到安全管理职责的，学校应当对学生承担赔偿责任。

本案例中，学生坐上校车以后，随车老师虽然提醒学生系好安全带，但是并没有一一检查，即老师并没有完全确保学生都系好安全带，这也就意味着学校并没有完全尽到安全管理职责。交通事故的发生虽然并不是校车一方的主要责任，但是学校仍然需要为没有尽到安全义务导致学生受伤而承担相应的责任。

本案例，依据《民法典》第一千二百零一条的规定，应当由酒驾司机对受伤学生承担主要的侵权责任，同时由学校承担相应的补充责任。当学校承担补充责任后，可以向酒驾司机追偿。

条文在线

《校车安全管理条例》

第五十九条　发生校车安全事故，造成人身伤亡或者财产损失的，依法承担赔偿责任。

《中华人民共和国民法典》

第一千二百条 限制民事行为能力人在学校或者其他教育机构学习、生活期间受到人身损害，学校或者其他教育机构未尽到教育、管理职责的，应当承担侵权责任。

第一千二百零一条 无民事行为能力人或者限制民事行为能力人在幼儿园、学校或者其他教育机构学习、生活期间，受到幼儿园、学校或者其他教育机构以外的第三人人身损害的，由第三人承担侵权责任；幼儿园、学校或者其他教育机构未尽到管理职责的，承担相应的补充责任。幼儿园、学校或者其他教育机构承担补充责任后，可以向第三人追偿。

在校内欺凌他人可能会受到什么处罚？

育儿案例

小敖是学校里的霸王，手下有好几个“小弟”。平常凡是见到他的学生，必须和他打招呼，否则就要被教训。小石是刚来这所学校不久的转学生，并不知道学校里有这么一个横行霸道的人。一天，小石迎面撞上了小敖，没搭理他。为了维护自己的面子，小敖便带了几个人将小石打得受伤住院。请问，小敖应当为自己欺凌他人的行为承担什么责任？

依法解析

校园欺凌行为会严重侵害到他人的身心健康，属于严重不良行为。实施校园欺凌行为的未成年人必须为自己的行为承担相应的责任。

首先，无论欺凌行为是否严重，欺凌一方都需要接受学校的处罚。对于欺凌一方，学校可以采取训诫、停课等方式予以处罚，如果情节严重且屡教不改的，学校还可以给予警告、记过、留校察看等纪律处分，对于高中阶段的学生，学校也可以予以开除。

其次，如果欺凌行为比较严重，公安机关可以依据《预防未成年人犯罪法》第四十一条的规定，对欺凌一方采取矫治教育措施。通过殴打、索要财物、寻衅滋事等方式实施欺凌行为的，还可能违反《治安管理处罚法》的规定，要接受治安管理处罚。

最后，如果欺凌行为非常严重，欺凌一方达到刑事责任年龄，且给他人造成的身体伤害达到刑事立案标准的，欺凌一方还可能触犯《刑法》第二百三十四条规定的故意伤害罪，由法院进行审判后承担刑事责任。除此以外，给他人造成身体或精神损害的，欺凌一方还需要承担民事赔偿责任。

在上面的案例中，小敖的行为毫无疑问属于校园欺凌。学校应当通知家长，因小敖的行为属于结伙殴打同学，根据实际伤害程度，家长需要配合学校将相关情况报告给公安机关，依法进行处理。学校也可以根据严重程度，对小敖进行纪律处分。

条文在线

《中华人民共和国预防未成年人犯罪法》

第三十八条 本法所称严重不良行为，是指未成年人实施的有刑法规定、因不满法定刑事责任年龄不予刑事处罚的行为，以及严重危害社会的下列行为：

…………

（三）殴打、辱骂、恐吓，或者故意伤害他人身体；

…………

第四十一条 对有严重不良行为的未成年人，公安机关可以根据具体情况，采取以下矫治教育措施：

（一）予以训诫；

（二）责令赔礼道歉、赔偿损失；

（三）责令具结悔过；

（四）责令定期报告活动情况；

（五）责令遵守特定的行为规范，不得实施特定行为、接触特定人员或者进入特定场所；

（六）责令接受心理辅导、行为矫治；

（七）责令参加社会服务活动；

（八）责令接受社会观护，由社会组织、有关机构在适当场所对未成年人进行教育、监督和管束；

（九）其他适当的矫治教育措施。

《中华人民共和国治安管理处罚法》

第四十三条　殴打他人的，或者故意伤害他人身体的，处五日以上十日以下拘留，并处二百元以上五百元以下罚款；情节较轻的，处五日以下拘留或者五百元以下罚款。

有下列情形之一的，处十日以上十五日以下拘留，并处五百元以上一千元以下罚款：

（一）结伙殴打、伤害他人的；

（二）殴打、伤害残疾人、孕妇、不满十四周岁的人或者六十周岁以上的人的；

（三）多次殴打、伤害他人或者一次殴打、伤害多人的。

《中华人民共和国刑法》

第二百三十四条　故意伤害他人身体的，处三年以下有期徒刑、拘役或者管制。

犯前款罪，致人重伤的，处三年以上十年以下有期徒刑；致人死亡或者以特别残忍手段致人重伤造成严重残疾的，处十年以上有期徒刑、无期徒刑或者死刑。本法另有规定的，依照规定。

在校园网上散布同学的谣言属于校园欺凌吗？

育儿案例

小伟是一名高中生，因与隔壁班的女同学谈恋爱被学校发现，一直对小胡怀恨在心。因为，小伟认为自己谈恋爱的事情暴露就是同班同学小胡告的密。于是，他利用修图软件，做了很多丑化小胡的照片，并发布在了校园网上，同时还编造了很多谣言，报复抹黑小胡。请问，小伟的行为属于校园欺凌吗？小胡应该怎样维护自己的权利？

依法解析

校园欺凌除了最常见的肢体暴力以外，网络暴力也是其中一种。

随着网络技术的普及，以网络平台为媒介对他人实施校园欺凌的行为越来越常见。面对这种情况，有时受到欺凌的一方很难找到背后的侵权人，也很难留存证据维护自己的权利。

依据我国《民法典》第一千一百九十四条以及第一千一百九十五条规定，当发现他人利用网络服务实施侵权行为时，权利人有权要求网络服务的提供者及时采取必要措施。权利人可以保留权利被侵害的初步证据，如果网络服务的提供者拒绝采取必要措施，权利人可以直接向法院提起诉讼，从而获取侵权人的具体信息。

在上面的案例中，小伟的行为侵犯了小胡的名誉权和肖像权。小胡有权要求校园网的负责人将相关内容删除，并要求小伟承担赔礼道歉等侵权责任。如果给小胡造成了严重的精神损害，家长要协助维权，要求散布谣言的同学承担精神损害赔偿责任。

条文在线

《中华人民共和国民法典》

第一千一百九十四条 网络用户、网络服务提供者利用网络侵害他人民事权益的，应当承担侵权责任。法律另有规定的，依照其规定。

第一千一百九十五条 网络用户利用网络服务实施侵权行为的，权利人有权通知网络服务提供者采取删除、屏蔽、断开链接等必要措施。通知应当包括构成侵权的初步证据及权利人的真实身份信息。

网络服务提供者接到通知后，应当及时将该通知转送相关网络用户，并根据构成侵权的初步证据和服务类型采取必要措施；未及时采取必要措施的，对损害的扩大部分与该网络用户承担连带责任。

权利人因错误通知造成网络用户或者网络服务提供者损害的，应当承担侵权责任。法律另有规定的，依照其规定。

孩子在学校被严重欺凌，学校能隐瞒吗？

育儿案例

小成平时在班里就比较霸道，同学们对他都敢怒不敢言。一天，小成和几个哥们儿约好了放学后去玩，便让小庄替他值日。但这天恰巧小庄身体不舒服，便说自己要回家。小成认为小庄驳了他的面子，从这天起便经常找小庄的麻烦。有时损坏小庄的东西，有时在放学后截住小庄不让他回家，有时用言语羞辱小庄。小庄不堪其扰，将小成的行为报告给学校。请问，对于小成的校园欺凌行为，学校应当如何应对？

依法解析

学校有义务保障每一名学生的身心健康，对校园欺凌问题早发现、早制止。

依据我国《未成年人保护法》第三十九条及《预防未成年人犯罪法》第二十条的规定，学校在应对校园欺凌问题上应当注意如下问题：首先，应当全面建立起学生欺凌防控制度，重视校园欺凌的预防工作。定期对老师和学生展开校园欺凌的相关教育和培训，注意消除校园欺凌的隐患。其次，发现有学生遭受校园欺凌后，要及时对校园欺凌行为进行制止，并对被欺凌的学生予以保护和心理疏导。最后，对于实施欺凌的学生，学校要尽快将欺凌情况报告给监护人及相关部门，协助相关部门展开调查。同时，学校应当加强对该学生的管理和教育，依法对其进行处罚，防止类似情况再次发生。

在上面的案例中，学校必须及时向老师和同学核实情况，联系双方家长。如果小成的行为已经触犯了法律，学校还要帮助小庄报警，让小成对自己的行为承担法律后果。

条文在线

《中华人民共和国未成年人保护法》

第三十九条 学校应当建立学生欺凌防控工作制度，对教职员工、学生等开展防治学生欺凌的教育和培训。

学校对学生欺凌行为应当立即制止，通知实施欺凌和被欺凌未成年学生的父母或者其他监护人参与欺凌行为的认定和处理；对相关未成年学生及时给予心理辅导、教育和引导；对相关未成年学生的父母或者其他监护人给予必要的家庭教育指导。

对实施欺凌的未成年学生，学校应当根据欺凌行为的性质和程度，依法加强管教。对严重的欺凌行为，学校不得隐瞒，应当及时向公安机关、教育行政部门报告，并配合相关部门依法处理。

《中华人民共和国预防未成年人犯罪法》

第二十条 教育行政部门应当会同有关部门建立学生欺凌防控制度。学校应当加强日常安全管理，完善学生欺凌发现和处置的工作流程，严格排查并及时消除可能导致学生欺凌行为的各种隐患。

老师刻意孤立学生的行为合法吗？

育儿案例

小力今年6岁，上小学一年级。因先天疾病，小力智力发育要比同龄的孩子略微慢一些，入学报到时，家长特地向班主任说明了这一情况。因小力无法像其他孩子一样跟上课程进度，期中考试过后，班里只有他成绩不及格。此时，班主任没有考虑小力的身体情况，还因小力成绩拖后腿，经常当着全班同学的面批评他。久而久之，同学们受到老师的影响，都开始渐渐疏远小力。家长得知此事后，对班主任的行为十分不满。请问，班主任带头孤立小力的行为是否合法？

依法解析

根据我国《未成年人保护法》第二十九条的规定，学校和老师应当对学生一视同仁，对所有的学生给予同等的关爱，不能因为学生之间家庭情况、身体状况、心理状态、学习能力等存在差别就歧视学生。

如果学生犯了错误，学校和老师要采用正确的方式教育学生，如果有必要，可以适当对学生进行教育惩戒。但是，学校和老师都不能以刻意孤立学生这种“冷暴力”行为来惩罚犯错的学生。

对于小力这种存在智力障碍的学生，学校和老师应当提供关爱，不能因为学习落后就对小力存在歧视心理，更不能因为没考好就暗示其他同学冷落小力。如果班主任的行为给小力造成了伤害，家长有权利要求班主任承担责任。

条文在线

《中华人民共和国未成年人保护法》

第二十九条 学校应当关心、爱护未成年学生，不得因家庭、身体、心理、学习能力等情况歧视学生。对家庭困难、身心有障碍的学生，应当提供关爱；对行为异常、学习有困难的学生，应当耐心帮助。

《中小学教育惩戒规则（试行）》

第十二条 教师在教育教学管理、实施教育惩戒过程中，不得有下列行为：

…………

（二）超过正常限度的罚站、反复抄写，强制做不适的动作或者姿势，以及刻意孤立等间接伤害身体、心理的变相体罚；

…………

孩子遭受校园欺凌患上了抑郁症，谁来赔偿？

育儿案例

小军的父母因工作太忙没办法照顾孩子吃饭，总是把一个月的饭钱都一次性交给小军，让他自由支配。同一所学校的小混混小童发现小军总是很有钱，便经常强迫小军“请”他吃饭和打游戏，还常常要求小军给他买东西，如果小军拒绝就拳打脚踢。时间一长，小军越来越抗拒上学，每天都把自己关在房间里。经医院检查后确诊，小军患上了重度的抑郁症。家长既生气又心疼，到学校要个说法。请问，小军父母有权要求赔偿吗？谁来对小军患病承担赔偿责任？

依法解析

未成年人的心理较为敏感脆弱，如果遭受校园欺凌，很可能会给未成年人的心理造成严重的伤害。在这种情况下，需要有人来为未成年人的损害承担责任。依据《民法典》第一千一百八十三条第一款规定，如果侵害他人的人身权益，导致他人遭受严重精神损害的，被侵权人有权要求精神损害赔偿。

在上面的案例中，小军因遭受校园暴力行为，造成了精神损害，故有权要求精神损害赔偿。但是，由于小童也只是一名未成年人，无法直接对损害结果负责。依据《民法典》第一千一百八十八条的规定，此时应当由小童的监护人对小军承担精神损害赔偿责任。除此之外。如果学校在事件中没有尽到完善的教育、管理职责，例如放任小童的暴力行为等，也应当依据本法第一千二百零一条的规定，承担补充责任。

条文在线

《中华人民共和国民法典》

第一千一百八十三条　第一款　侵害自然人人身权益造成严重精神损害的，被侵权人有权请求精神损害赔偿。

第一千一百八十八条 无民事行为能力人、限制民事行为能力人造成他人损害的，由监护人承担侵权责任。监护人尽到监护职责的，可以减轻其侵权责任。

有财产的无民事行为能力人、限制民事行为能力人造成他人损害的，从本人财产中支付赔偿费用；不足部分，由监护人赔偿。

第一千二百零一条 无民事行为能力人或者限制民事行为能力人在幼儿园、学校或者其他教育机构学习、生活期间，受到幼儿园、学校或者其他教育机构以外的第三人人身损害的，由第三人承担侵权责任；幼儿园、学校或者其他教育机构未尽到管理职责的，承担相应的补充责任。幼儿园、学校或者其他教育机构承担补充责任后，可以向第三人追偿。

第三章

人身和财产保护

生活中危及孩子人身安全的因素有很多，稍不留神就有可能遭遇这样那样的事故，比如被狗咬、被高空抛物砸伤、被其他孩子打伤等。还有的孩子爱惹事，会给家长带来一些麻烦，家长可能会深陷纠纷。总之，这些有关孩子人身保护与侵权维权的法律知识，家长很有必要进行相应的了解。

而谈到“财产”方面，如今随着人们物质生活的极大富有，孩子也越来越“有钱”，甚至有些孩子从小就有了“理财”意识，有了自己的财产（比如压岁钱）归自己的思想。那么作为家长，是顺应孩子的意识，还是要秉持孩子的财产就是爸妈的财产的“传统”理念呢？可能家长们的做法各有不同。在此，我们从法律的角度，全面介绍关于未成年人财产权的法律规定，如关于未成年人财产所有权的归属、未成年人的继承权、未成年人的智力成果保护等。

本章是关于孩子人身与财产保护相关的法律知识，涉及《民法典》《未成年人保护法》《著作权法》等法律法规。

第一节 人身侵权维权中的法律常识

保姆虐待儿童，要承担怎样的法律责任？

育儿案例

靳某夫妻1岁多的儿子由保姆居家照顾。为了了解孩子在家时的真实状况，靳某在客厅安装了摄像头。一天，他打开手机查看监控，发现保姆因为孩子不午睡，追赶着将孩子拎起来扔到了沙发上，于是靳某立即赶回家中。面对视频，保姆才承认因为孩子淘气不听话经常对孩子动手，以前孩子身上的淤青也不是磕碰的。靳某气愤至极，坚决要追究保姆的法律责任。那么，保姆虐待孩子，会承担怎样的法律责任呢？

依法解析

现实中，因为父母双方工作、家中老人无法帮助等原因，很多家庭都选择了为孩子请保姆，保姆伤害儿童、虐待儿童案件逐渐进入人们的视野中，保姆应承担的法律责任也成为家长和社会关注的问题。根据法律规定，保姆虐童面临的是刑事或行政责任以及民事赔偿责任。

首先，从刑事、行政责任来说，保姆伤害儿童，已构成故意伤害，损害他人身体健康，如果造成儿童轻伤以上的伤情，依据《刑法》第二百三十四条的规定，保姆就构成故意伤害罪，法院会根据保姆虐童的情节、手段、孩子的伤情（轻伤或是重伤）等多重因素来判处刑罚，轻则三年以下有期徒刑、拘役或是管制，重则无期或是死刑。如孩子的伤情尚不构成轻伤，那么依据《治安管理处罚法》第四十三条的规定，保姆也会面临拘留、罚款的行政处罚。需要注意的是，伤害未成年人或有多次伤害行为的，都是加重处罚情节。其次是民事赔偿，依据《民法典》第一千一百六十五条第一款的规定，保姆伤害孩子，给孩子的人身权利、健康权造成损害，应当承担民事侵权责任，需要支付医疗费、护理费、伙食补助费、交通费等赔偿项目。

就本案而言，保姆的行为，已经侵害了孩子的身体权、健康权，而且存在多次伤害行为，根据上述法律规定，在孩子不构成轻伤的情况下，保姆面临的是行政拘留、罚款和民事赔偿的法律责任。如果孩子的伤情经鉴定构成轻伤及以上，则保姆就将承担相应的刑事责任。在此提醒家长朋友们，发现保姆虐童后，要第一时间报警，不能冲动以暴制暴，否则家长也要承担相应的法律责任。

条文在线

《中华人民共和国民法典》

第一千一百六十五条 第一款 行为人因过错侵害他人民事权益造成损害的，应当承担侵权责任。

《中华人民共和国治安处罚法》

第四十三条 殴打他人的，或者故意伤害他人身体的，处五日以上十日以下拘留，并处二百元以上五百元以下罚款；情节较轻的，处五日以下拘留或者五百元以下罚款。

有下列情形之一的，处十日以上十五日以下拘留，并处五百元以上一千元以下罚款：

（二）殴打、伤害残疾人、孕妇、不满十四周岁的人或者六十周岁以上的人的；

（三）多次殴打、伤害他人或者一次殴打、伤害多人的。

《中华人民共和国刑法》

第二百三十四条 故意伤害他人身体的，处三年以下有期徒刑、拘役或者管制。

犯前款罪，致人重伤的，处三年以上十年以下有期徒刑；致人死亡或者以特别残忍手段致人重伤造成严重残疾的，处十年以上有期徒刑、无期徒刑或者死刑。本法另有规定的，依照规定。

孩子被小区内的流浪猫抓伤，家长可以找物业赔偿吗？

育儿案例

因为心疼妻子在家带孩子辛苦，郭某几乎晚饭后都会带着5岁的女儿在小区遛弯、玩耍。最近小区内树丛等隐蔽处常常见到不少的流浪猫，尤其晚上突然出没很吓人。郭某等业主多次向小区物业反映流浪猫的问题，但物业并未采取任何措施。这天是周末，郭某照常带着女儿来到中心花园滑梯处玩耍，一只大黑猫突然从草丛冲向女儿，他虽然立刻驱赶，但女儿还是被抓伤了。郭某认为小区物业疏于管理，应该承担女儿被抓伤的赔偿责任，那么郭某能找物业索要赔偿吗？

依法解析

《民法典》第一千二百四十九条规定，对遗弃、逃逸的流浪小动物在流浪期间造成他人损害的，由动物原饲养人或者管理人承担侵权责任。但实践中，流浪猫狗是很难找到原饲养人的，因此很难要求动物原饲养人或管理人承担责任，此时赔偿义务人如何确定呢？依据我国《物业管理条例》第三十五条第二款的规定，物业公司应履行物业服务合同的内容，承担赔偿责任。

也就是说，小区的环境卫生、公共安全、秩序等事项本应由物业公司负责，而流浪猫狗会给环境卫生、公共安全产生不利的影响，因此物业公司应当依照物业合同进行管理，如果因疏于管理导致流浪猫狗给本小区业主造成伤害的，应当承担相应的赔偿责任。

另依据《民法典》第一千一百九十八条规定，经营场所、公共场所的经营者、管理者未尽到安全保障义务，造成他人损害的，应当承担侵权责任。物业公司虽不在该条规定所列的范围，但基于其与业主之间的物业管理合同取得了对小区的管理权，对小区环境具有其他主体不可比拟的控制力，因此参照该条法律规定的安全保障义务的立法精神，物业公司作为小区的管理人负有一定程度的安全保障义务，应当对管理区域内的流浪动物进行有效管理，同时应对小区内生活的业主进行适当警示，减少安全隐患。

在本案中，流浪猫出现后，郭某等业主多次和物业反映，物业也未联络流浪猫狗收养组织进行处理，导致流浪猫的问题一直未得到解决，最终造成郭某的女儿被抓伤。根据上述法律规定，物业对郭某女儿受伤应承担一定的赔偿责任。

未成年人在小区玩耍、遛弯时，家长应尽到监护、看管、约束责任，如因家长未尽到监护职责导致未成年人被流浪猫狗咬伤，依据《民法典》第三十四条第一款的规定，家长也需承担部分责任。

条文在线

《中华人民共和国民法典》

第三十四条　第一款　监护人的职责是代理被监护人实施民事法律行为，保护被监护人的人身权利、财产权利以及其他合法权益等。

第一千一百九十八条　宾馆、商场、银行、车站、机场、体育场馆、娱乐场所等经营场所、公共场所的经营者、管理者或者群众性活动的组织者，未尽到安全保障义务，造成他人损害的，应当承担侵权责任。

第一千二百四十九条　遗弃、逃逸的动物在遗弃、逃逸期间造成他人损害的，由动物原饲养人或者管理人承担侵权责任。

《中华人民共和国物业管理条例》

第三十五条　第二款　物业服务企业未能履行物业服务合同的约定，导致业主人身、财产安全受到损害的，应当依法承担相应的法律责任。

孩子被楼体脱落的墙砖（墙皮）砸伤，谁来承担责任？

育儿案例

每到夏天，顾某所居住的A市雨水就比较多。雨过天晴的周末，顾某陪着年幼的儿子下楼玩耍。此时，小区里因为大雨一片狼藉，显然物业还没组织清扫、检查。刚下楼，孩子就在楼的侧面发现有一处面积比较大的积水，高兴地跑过去在水坑里踩水，顾某则站在旁边看着孩子。正在这时，楼房墙面突然开裂，墙皮大面积脱落，顾某冲过去推开了孩子，孩子虽然没有被大块墙皮砸到，但还是被脱落的小块墙皮砸伤了。顾某孩子受伤的责任应由谁承担？

依法解析

对于尚在保修期的商品房来说，依据《房屋建筑工程质量保修办法》第十四条规定，如雨后墙皮脱落系建筑工程质量缺陷造成的，那么被砸伤的受害者可以向商品房建设单位提出赔偿请求。

如房屋已超出保修期，依据《民法典》第一千二百五十三条规定，如建筑物、构筑物坠落造成他人受伤害的，建筑物的所有人、使用人应当承担侵权责任。外墙面系住宅楼的全体业主所有，因此发生外墙脱落的该住宅楼的全体业主应当承担侵权责任。当然，由于外墙脱落并非业主的责任，在业主赔偿后可以向负有管理责任的物业公司进行追偿。

另外，外墙面是小区的公共部分，物业对公共部分负有维修和管理的义务。如果能证实物业公司在明知外墙面有裂纹或是脱落的可能性时，物业公司没有尽到维修管理等相应义务，给业主造成了损害，物业公司也需要承担一定的责任。

就本案而言，顾某居住的该楼房侧面墙面为该栋楼房的住户共同所有，业主应共同承担赔偿责任。在大雨过后，物业公司应对本小区公共设施进行检查，但本案例中，在大雨过后物业并未第一时间组织清扫、检查小区的公共设施是否存在安全隐患，存在一定的责任，亦应对顾某儿子受伤承担一定的赔偿责任。需要注意的是，家长作为监护人，有保障未成年人人身安全的监护责任，因此，实践中，监护人一般还需自担一部分损失。

条文在线

《中华人民共和国民法典》

第一千二百五十三条 建筑物、构筑物或者其他设施及其搁置物、悬挂物发生脱落、坠落造成他人损害，所有人、管理人或者使用人不能证明自己没有过错的，应当承担侵权责任。所有人、管理人或者使用人赔偿后，有其他责任人的，有权向其他责任人追偿。

《房屋建筑工程质量保修办法》

第十四条 在保修期限内，因房屋建筑工程质量缺陷造成房屋所有人、使用人或者第三方人身、财产损害的，房屋所有人、使用人或者第三方可以向建设单位提出赔偿要求。建设单位向造成房屋建筑工程质量缺陷的责任方追偿。

孩子在喂食动物时受伤，能要求动物园赔偿吗？

育儿案例

江某带着儿子到野生动物园游玩，看到很多小朋友在给散养小动物喂食。为了保证儿子安全，江某仔细询问注意事项，工作人员称小动物都很温顺，只要不伤害它们就可以了。江某这才从园内购买了喂动物的食物，在工作人员的指引下来到喂养区。但孩子喂小兔子时，手指还是被小动物咬伤了。那么，江某可以要求动物园赔偿吗？

依法解析

我国《民法典》第一千二百四十八条规定，动物园动物造成侵权的，其责任承担的主体为动物园，即游人在动物园受伤后，一般是由动物园承担赔偿责任。另外，该条也规定了动物园的免责事由，即如动物园“能够证明尽到管理职责”则不承担侵权责任。这里所说的免责事由，首先是“能够证明”，指的是举证责任归于动物园一方；其次是“尽到管理职责”，动物园的管理职责，可以理解为对动物的看管义务。动物园应当充分考虑动物的特点、特性、活动场所等多种因素，采取一般社会观念所要求的措施，以防范动物带来危险，比如猛兽的封闭式圈养、食草动物设置高围栏、可喂养动物安全提醒、喂养时提供防护工具等。

具体到上面的案例，江某购买了动物园提供的食物喂养动物，该动物园的工作人员除了告知江某不伤害小动物外，没有对喂养时注意事项进行详细的讲解说明，也未提供喂养动物的安全措施，如手套等物品，因此江某儿子受伤应由动物园承担赔偿责任。

条文在线

《中华人民共和国民法典》

第一千二百四十八条 动物园的动物造成他人损害的，动物园应当承担侵权责任；但是，能够证明尽到管理职责的，不承担侵权责任。

孩子在“正在维修中”的扶梯上玩耍受伤，商场担责吗？

育儿案例

周末，李某带着儿子到商场购物，商场二层休息区离自动扶梯很近，那天扶梯恰巧停运了，扶梯口立着“正在维修”黄色警示牌。李某有些疲惫，坐下休息，但孩子好动坐不住，跑到了维修中的扶梯上。李某在旁边看到扶梯没运转，也没有阻止他，任由孩子在扶梯上跑上跑下。但一转眼孩子就在扶梯上摔倒了，磕破了膝盖和头部。对于儿子受伤，李某能要求商场赔偿损失吗？

依法解析

我国《民法典》第一千一百九十八条规定，商场的经营者未尽到安全保障义务，造成他人损害的，应当承担侵权责任。《消费者权益保护法》第十八条进一步明确规定，商场的经营者应保障消费者的人身安全，对可能造成人身伤害的，应当向消费者进行说明和警示，并说明防止危害发生的方法。即商场有义务保障消费者的安全，对于危害消费者安全的事项，不仅要作出警示，还应说明防止危害的方法。另外，《民法典》第三十四条第一款规定，监护人应保障未成年人的人身权利，即家长在带未成年人外出时，应尽到监护责任，限制未成年人作出危险的行为，保障其人身安全；否则，家长也因其未尽到相应的监护责任而自负一定责任。

就本案而言，商场虽然在自动扶梯口树立了安全警示牌，但并未用警示带围住扶梯入口、出口，而且也未说明如何防止危害的方法，如“勿走扶梯、请走电梯或是楼梯”等。因此，依据上述《消费者权益保护法》及《民法典》第一千一百九十八条的规定，商场未尽到警示、说明义务，应对孩子的伤害承担相应的赔偿责任。而李某作为监护人，负有保护未成年人人身安全的义务，作为成年人，李某对于正在维修的扶梯的危险性是有相应认知能力的，在发现儿子走上扶梯时，应当对儿子的行为进行制止，故李某亦应对孩子受伤承担监护不力的责任。

条文在线

《中华人民共和国民法典》

第三十四条　第一款　监护人的职责是代理被监护人实施民事法律行为，保护被监护人的人身权利、财产权利以及其他合法权益等。

第一千一百九十八条　第一款　宾馆、商场、银行、车站、机场、体育场馆、娱乐场所等经营场所、公共场所的经营者、管理者或者群众性活动的组织者，未尽到安全保障义务，造成他人损害的，应当承担侵权责任。

《中华人民共和国消费者权益保护法》

第十八条 经营者应当保证其提供的商品或者服务符合保障人身、财产安全的要求。对可能危及人身、财产安全的商品和服务，应当向消费者作出真实的说明和明确的警示，并说明和标明正确使用商品或者接受服务的方法以及防止危害发生的方法。

宾馆、商场、餐馆、银行、机场、车站、港口、影剧院等经营场所的经营者，应当对消费者尽到安全保障义务。

孩子从楼上扔东西砸伤了人，家长隐瞒不说就不用赔偿了吗？

育儿案例

童某家住在7楼，有一个正在上幼儿园的儿子。一天，童某接儿子从幼儿园回家时，路过玩具店，儿子因为吵着要买一辆小汽车遭到爸爸拒绝，气鼓鼓地回家后，趁着童某不注意，就将自己原来的玩具从窗户扔了出去。正巧楼下有人经过，被扔下的玩具砸伤了脚。童某见状，生怕承担责任，便选择闭门不出。请问，童某隐瞒儿子扔东西砸伤人的事实，就可以不用对伤者进行赔偿了吗？

依法解析

高空抛物是一种很危险的行为，很可能给过路的行人或者他人的财产造成极大的安全隐患。依据我国《民法典》第一千二百五十四条规定，高空抛物造成他人损害的，如果难以确定具体侵权人，除了能够证明自己不是侵权人的以外，其余建筑使用人都应当对权利人进行赔偿。根据法律可知，童某的行为并不会让其免于承担责任，他仍然需要接受公安机关的调查。也就是说，即使隐瞒高空抛物行为，也需要承担一部分侵权责任。

同时，高空抛物不仅仅是个民事侵权问题，还涉及刑事犯罪。依据我国《刑法》第二百九十一条之二规定，高空抛物行为会给不特定人的生命和财产安全造成危害，情节严重的将构成高空抛物罪，承担刑事责任。

条文在线

《中华人民共和国民法典》

第一千二百五十四条 禁止从建筑物中抛掷物品。从建筑物中抛掷物品或者从建筑物上坠落的物品造成他人损害的，由侵权人依法承担侵权责任；经调查难以确定具体侵权人的，除能够证明自己不是侵权人的外，由可能加害的建筑物使用人给予补偿。可能加害的建筑物使用人补偿后，有权向侵权人追偿。

物业服务企业等建筑物管理人应当采取必要的安全保障措施防止前款规定情形的发生；未采取必要的安全保障措施的，应当依法承担未履行安全保障义务的侵权责任。

发生本条第一款规定的情形的，公安等机关应当依法及时调查，查清责任人。

《中华人民共和国刑法》

第二百九十一条之二 从建筑物或者其他高空抛掷物品，情节严重的，处一年以下有期徒刑、拘役或者管制，并处或者单处罚金。

有前款行为，同时构成其他犯罪的，依照处罚较重的规定定罪处罚。

将孩子托付他人照顾期间，孩子伤害别人，父母还需要赔偿吗？

育儿案例

管某夫妻有一个正在上小学的儿子小强。小强放暑假后，父母因为工作性质原因，无法照顾他，因为班上有个同学跟小强十分要好，于是，夫妻俩便将小强托付给这位同学的家长，让小强待在同学家。每天，俩人写完作业以后，通常到小区中心花园和小伙伴们玩耍。但有一天傍晚，两个孩子回来后，突然有人急匆匆敲门，原来是一对夫妻带着自己的孩子找上门，说小强跟他们的孩子打网络游戏后

因为奖励分配不均，发生了矛盾，小强把他们的孩子打伤了。请问，在这种情况下，小强的父母是否需要承担赔偿责任？

依法解析

父母或其他监护人因故无法完全履行监护职责时，可以将监护职责暂时委托给他人。但是，父母或其他监护人将监护职责委托给他人后，依然需要承担监护人的义务，对未成年人的行为负责。依据我国《民法典》第一千一百八十八条以及第一千一百八十九条规定，如果未成年人给他人造成损害的，无论监护人是否将监护职责委托给他人，都需要由监护人来承担侵权责任。但是，如果被委托人对此也存在一定过错的，被委托人也需要承担相应的责任。

在上面的案例中，父母将小强托付给同学妈妈照顾后，虽然没有直接监护小强，但是仍然是他的监护人，需要对他承担监护责任。小强将他人打伤，应当由家长来承担赔偿责任。同时，还要判断受托人是否存在过错。如果同学的妈妈没有尽到对小强的看护职责，就需要承担相应的责任。父母作为孩子的直接监护人，要时刻铭记自己身为监护人的职责，尽到对孩子的教育和管理义务，不能因为将孩子委托给他人照顾就有所懈怠，更不能因此免除监护责任。

条文在线

《中华人民共和国民法典》

第一千一百八十八条　无民事行为能力人、限制民事行为能力人造成他人损害的，由监护人承担侵权责任。监护人尽到监护职责的，可以减轻其侵权责任。

有财产的无民事行为能力人、限制民事行为能力人造成他人损害的，从本人财产中支付赔偿费用；不足部分，由监护人赔偿。

第一千一百八十九条　无民事行为能力人、限制民事行为能力人造成他人损害，监护人将监护职责委托给他人的，监护人应当承担侵权责任；受托人有过错的，承担相应的责任。

孩子放学时掉入路边管井中摔伤，应该由谁来承担责任？

育儿案例

小刚上小学一年级，妈妈是一名护士，上下班时间很严格，因此是爸爸每天接送他上下学。这天由于爸爸单位临时加班，考虑到学校离家不远，小刚爸爸便叮嘱他，注意交通车辆等安全事项，忐忑地让小刚放学后自己回家。但孩子在路上却不慎掉入一个没有井盖的井里，路人听到呼救声后，将孩子送往医院。事后经过调查，是工人在疏通下水道时临时离开，忘记将井盖放回，才导致了这起事故。请问，应当由谁来对小刚受伤的结果承担责任？

依法解析

依据我国《民法典》第一千二百五十八条的规定，如果窨井等地下设施造成他人损害的，权利人可以要求该地下设施的管理人进行赔偿。如果地下设施的管理人无法证明尽到管理职责的，就应当承担侵权责任，对权利人进行赔偿。这一规定说明，当发生上述情况时，举证责任应当由地下设施的管理人承担，这属于民事诉讼中“举证责任倒置”的情况。

在上面的案例中，孩子的父母可以向管道公司要求赔偿。如果管道公司拒绝赔偿的，家长可以向法院提起诉讼，他们仅需要证明小刚确实是因为跌入井中受伤即可。工人在疏通管道时，理应及时将井盖盖回，并在附近竖立警示标志，防止行人坠落。该管道公司明显没有尽到管理职责，应当对孩子受伤的结果承担责任。

除此以外，依据《未成年人保护法》第十八条的规定，未成年人的父母应当保障未成年人的安全。小刚刚上小学一年级，还是无民事行为能力人，家长不能放任他独自回家。因此，家长对孩子的受伤结果也需要承担一部分责任。

条文在线

《中华人民共和国民法典》

第一千二百五十八条 在公共场所或者道路上挖掘、修缮安装地下设施等造成他人损害，施工人不能证明已经设置明显标志和采取安全措施的，应当承担侵权责任。

窨井等地下设施造成他人损害，管理人不能证明尽到管理职责的，应当承担侵权责任。

《中华人民共和国未成年人保护法》

第十八条 未成年人的父母或者其他监护人应当为未成年人提供安全的家庭生活环境，及时排除引发触电、烫伤、跌落等伤害的安全隐患；采取配备儿童安全座椅、教育未成年人遵守交通规则等措施，防止未成年人受到交通事故的伤害；提高户外安全保护意识，避免未成年人发生溺水、动物伤害等事故。

体育课上打排球时被其他同学打伤，能要求同学赔偿吗？

育儿案例

小梦是一名高中生，在学校的体育课上选修了排球。一天，老师对同学们进行了基本排球技术考试，通过考试的同学可以自行组队在场地上开展比赛。比赛期间，小梦一时走了神，没注意到同学打过来的球，也没听到同学喊她的声音，被飞来的排球击中了头部，被诊断为轻度脑震荡。请问，小梦能要求同学赔偿医药费吗？

依法解析

依据我国《民法典》第一千一百七十六条规定，如果在自愿参加有一定风险的文体活动的过程中，因其他参加者的正当行为受到了损害，属于“自甘风险”，不能要求对方赔偿。但是，如果损害结果是由于对方故意或者重大过失而造成的，那么就可以要求对方承担相应的侵权责任。需要注意的是，文体活动的风险应当是文体活动本身所具有的，例如跑步时可能摔伤、打篮球时可能发生碰撞等。

就本案例而言，小梦是一名高中生，具有了一定的辨别风险的能力，她参加排球比赛是出于自愿，同学击打排球也是正常的比赛行为，因此，不能要求同学对自己的损伤结果进行赔偿。另外，老师应在打排球前，将风险告知同学，并提醒同学注意安全。因为，依据《民法典》第一千二百条的规定，如果学校和老师没有尽到教育和管理职责的，应当承担一定的责任。

条文在线

《中华人民共和国民法典》

第一千一百七十六条 自愿参加具有一定风险的文体活动，因其他参加者的行为受到损害的，受害人不得请求其他参加者承担侵权责任；但是，其他参加者对损害的发生有故意或者重大过失的除外。

活动组织者的责任适用本法第一千一百九十八条至第一千二百零一条的规定。

第一千二百条 限制民事行为能力人在学校或者其他教育机构学习、生活期间受到人身损害，学校或者其他教育机构未尽到教育、管理职责的，应当承担侵权责任。

家长发现商家售卖不合格的儿童玩具，如何维权？

育儿案例

小琪是一位年轻的宝妈。一天中午，小琪在厨房做饭，3 岁宝宝自己在客厅，兴致勃勃在玩刚买来的回弹软轴乒乓球玩具。小琪做好饭出来后，着实被眼前的一幕吓了一跳：宝宝在弹乒乓球的瞬间，固定乒乓球的杆子迅速弹回来，险些弹到宝宝的眼睛。小琪马上检查了玩具，发现玩具和包装上均没有 3C 认证。那么，什么是“3C 认证”，家长发现商家售卖无 3C 认证的儿童玩具，应该如何维权？

依法解析

3C 认证是中国强制性产品认证的简称，它是我国政府为保护消费者人身安全和国家安全、加强产品质量管理，依照法律法规实施的一种产品合格评定制度，儿童玩具必须有 3C 认证的证书。如果家长在购买玩具时，发现无 3C 认证，可以要求商家退换商品，还可以向当地的市场监督管理局和消费者协会举报。另外，依据《民法典》的规定，如果因玩具缺陷造成孩子人身损害的，还可以要求产品生产者或销售者承担损害赔偿责任。

上面的案例中，家长在购买玩具时应当先检查玩具的标识与说明，仔细查看 3C 标志、安全警示语及产品合格证等内容，无 3C 认证的产品不要购买。另外，要提醒家长注意的是，6 岁以下的儿童对于危险的识别能力比较低，在玩耍时，应当有家长全程陪同，从而能够在孩子发生危险时及时阻止。

条文在线

《中华人民共和国认证认可条例》

第二十七条 为了保护国家安全、防止欺诈行为、保护人体健康或者安全、保护动植物生命或者健康、保护环境，国家规定相关产品必须经过认证的，应当经过认证并标注认证标志后，方可出厂、销售、进口或者在其他经营活动中使用。

《中华人民共和国民法典》

第一千二百零三条 因产品存在缺陷造成他人损害的，被侵权人可以向产品的生产者请求赔偿，也可以向产品的销售者请求赔偿。

产品缺陷由生产者造成的，销售者赔偿后，有权向生产者追偿。因销售者的过错使产品存在缺陷的，生产者赔偿后，有权向销售者追偿。

组织未成年人进行违反治安管理的活动，要承担怎样的法律责任？

育儿案例

阿健在A市经营一家KTV，为了吸引顾客，他高价招募一批年轻女性来担任“公关小妹”，其中有5名为未成年女孩。在明知这5人未成年的情况下，阿健仍对她们进行了培训并安排上岗。不久后，当地公安机关在一次突击检查中，发现了这些未成年女孩的陪侍行为，认为这家KTV的行为构成了组织未成年人进行违反治安管理活动罪，遂将其负责人抓获归案。那么，组织未成年人进行违反治安管理活动，要承担怎样的法律责任？

依法解析

依据《娱乐场所管理条例》的规定，娱乐场所的从业人员不得提供或从事以营利为目的的陪侍行为，娱乐场所也不得对陪侍行为提供条件。《娱乐场所管理条例》在性质上，属于社会治安管理的行政法规，违反《娱乐场所管理条例》的，应当受到治安管理处罚。而明知是未成年人，故意组织其从事违反治安管理活动的，依据我国《刑法》的规定，构成组织未成年人进行违反治安管理活动罪，应当受到刑事处罚。

在上面的案例中，5名未成年女孩缺乏社会经验和自我保护能力，未形成正确的价值观，为牟取高价的服务费去KTV做陪侍服务，是对自己的人生不负责任的表现，而且容易诱发其他的违法犯罪行为。这家KTV明知5名未成年女孩的年龄和身份，仍然组织她们从事以营利为目的的陪侍行为，不仅违反了《治安管理处罚法》，更是触犯了《刑法》，要面临刑事处罚。在此要提醒家长们注意，平时要引导未成年人知法守法，不要为蝇头小利而被他人利用。

条文在线

《娱乐场所管理条例》

第十四条 娱乐场所及其从业人员不得实施下列行为，不得为进入娱乐场所的人员实施下列行为提供条件：

…………

（四）提供或者从事以营利为目的的陪侍；

…………

《中华人民共和国刑法》

第二百六十二条之二 组织未成年人进行盗窃、诈骗、抢夺、敲诈勒索等违反治安管理活动的，处三年以下有期徒刑或者拘役，并处罚金；情节严重的，处三年以上七年以下有期徒刑，并处罚金。

为未成年人文身，家长能要求商家“恢复原状”吗？

育儿案例

小艾今年14岁，正值青春叛逆期。她看到别人身上的文身很羡慕，于是自己凑了500元钱来到文身店。老板虽然看着小艾身穿中学校服，是个未成年人，但为了赚钱，还是按照小艾的要求给她提供了文身服务。手臂上的文身被妈妈看到后，气愤的妈妈立刻拉着女儿找到店铺，要求老板将文身除掉，并赔偿精神损失费。那么，擅自为未成年人文身，家长可以主张商家“恢复原状”并赔偿损失吗？

依法解析

未成年人对于文身的认知是不够全面的，可能会认为有文身的人很酷。但事实上，文身很可能会影响未成年人的职业发展，比如军人、警察、公务员等是不允许有文身的。为此，国务院出台了《未成年人文身治理工作办法》，要求未成年人的监护人应及时劝阻未成年人文身行为，不得放任未成年人文身。文身服务提供者应当在显著的地方标明不为未成年人提供文身服务。

在上面的案例中，文身店的老板在明知小艾是未成年人的情况下，仍然为她提供文身服务，属于违法行为。小艾的家长除了可以要求文身店老板将文身祛除并赔偿损失外，还应当向市场监督管理部门和卫生健康部门进行举报。另外，小艾未满 18 周岁，是限制民事行为能力人。依据《民法典》规定，限制民事行为能力的人只有从事与自己年龄、智力、精神健康状况相适应的行为时，才是有效的。但是，未成年人对于文身的损害和影响，是不能准确、全面地判断的，因此，小艾的行为属于效力待定的行为，需要法定代理人进行追认。但小艾的妈妈并没有进行追认，因此可以要求文身店老板返还文身费 500 元。

条文在线

《未成年人文身治理工作办法》

第四条 任何企业、组织和个人不得向未成年人提供文身服务，不得胁迫、引诱、教唆未成年人文身。

第五条 第一款 文身服务提供者应当在显著位置标明不向未成年人提供文身服务。对难以判明是否是未成年人的，应当要求其出示身份证件。

《中华人民共和国民法典》

第一百四十五条 限制民事行为能力人实施的纯获利益的民事法律行为或者与其年龄、智力、精神健康状况相适应的民事法律行为有效；实施的其他民事法律行为经法定代理人同意或者追认后有效。

未成年人聚餐时喝酒在餐厅摔伤，家长可以找餐厅赔偿吗？

育儿案例

小北在过 15 岁生日的时候，邀请了几个要好的同学一起去餐厅吃饭。其间，有同学提议喝酒助兴，于是点了十瓶啤酒。小北一口气喝了两瓶啤酒后，就觉得头晕恶心，想出去透透气，结果不小心从餐厅楼梯滚了下去，导致右前臂骨折。事后，小北的父母认为餐厅将啤酒卖给未成年人，导致小北醉酒后受伤，餐厅存在过错，应当承担赔偿责任。餐厅却认为，小北和同学自愿购买啤酒，自己不胜酒力，摔倒是他自己导致的，和餐厅毫无关系。那么，未成年人在餐厅聚餐喝酒后摔伤，家长可以找餐厅赔偿吗？

依法解析

《未成年人保护法》第五十九条第一款明确规定，经营者不能向未成年人出售烟酒，难以判断是否是未成年人的，应当要求其出示身份证件。案例中，餐厅未核实小北和其同学们的年龄，就将啤酒卖给他们，违反了法律规定，当地市场监督管理部门应当对其进行行政处罚。

另外，依据《民法典》的规定，小北作为顾客到餐厅就餐，餐厅应当对其安全尽到保障义务。餐厅因向未成年人售卖啤酒，本身就存在过错，又间接导致了小北摔倒后身体受伤，应当承担侵权责任。因此，小北父母有权要求餐厅对小北骨折所造成的损失承担赔偿责任。

条文在线

《中华人民共和国未成年人保护法》

第五十九条　第一款　学校、幼儿园周边不得设置烟、酒、彩票销售网点。禁止向未成年人销售烟、酒、彩票或者兑付彩票奖金。烟、酒和彩票经营者应当在显著位置设置不向未成年人销售烟、酒或者彩票的标志；对难以判明是否是未成年人的，应当要求其出示身份证件。

《中华人民共和国民法典》

第一千一百九十八条　第一款　宾馆、商场、银行、车站、机场、体育场馆、娱乐场所等经营场所、公共场所的经营者、管理者或者群众性活动的组织者，未尽到安全保障义务，造成他人损害的，应当承担侵权责任。

未成年情侣到宾馆开房过夜，女孩家长有权要求宾馆承担责任吗？

育儿案例

小月今年16周岁，在A市读中专，和同桌小浩是男女朋友关系。某个周六晚上，小月和小浩在校外看电影，结束时宿舍已经关门了，两人决定入住宾馆。宾馆前台工作人员登记信息后，按照两人要求安排他们入住大床房。当天晚上，小月和小浩发生了性关系。小月父母得知后，认为小浩的行为给女儿造成了伤害，同时认为宾馆明知两人是未成年人，还为其办理入住，也应承担赔偿责任。那么，未成年情侣到宾馆开房，女孩家长可以要求宾馆承担责任吗？

依法解析

未成年人与已满14周岁的女性发生性行为，虽然从法律上不构成犯罪，但是过早的性行为可能会导致未成年女性身体受损，同时还可能出现严重心理问题。小浩与小月是情侣关系，其自愿发生性关系的行为不构成犯罪，但是如果给小月造成身体和心理上的伤害，小月家长是有权要求小浩监护人承担赔偿责任的。另外，依据《未成年人保护法》第五十七条的规定，为保护未成年人合法权益，宾馆的经营者在未成年人入住宾馆时，应当询问其监护人的联系方式、入住人员的身份关系等有关情况，必要时应当与监护人核实入住事实，如果发现未成年人处于醉酒状态或者有其他可能被侵害的情况时，应当及时向公安机关报告。案例中的宾馆工作人员，在明知小浩和小月是未成年人的情况下，未履行询问义务，也未向监护人核实情况，存在过错。因此，如果因小浩的行为给小月造成损害，宾馆应当与小浩一起承担赔偿责任。

条文在线

《中华人民共和国未成年人保护法》

第五十七条 旅馆、宾馆、酒店等住宿经营者接待未成年人入住，或者接待未成年人和成年人共同入住时，应当询问父母或者其他监护人的联系方式、入住人员的身份关系等有关情况；发现有违法犯罪嫌疑的，应当立即向公安机关报告，并及时联系未成年人的父母或者其他监护人。

第二节　财产保护中的法律常识

私生子有权继承父亲的遗产吗？

育儿案例

张某和何某是一对夫妻，二人育有一女笑笑。张某因多年在外经商，夫妻聚少离多，与何某渐渐没了感情。张某在工作中结识了陈某，日久生情，二人确定了男女朋友关系，陈某为张某生育了一个儿子晓峰。因为女儿笑笑的存在，张某和何某一直没有离婚。去年，张某因操劳过度正在开会时突发脑溢血离世，因生前并未订立遗嘱，之后陈某和何某就张某的遗产分割问题产生了纠纷。何某认为晓峰是“私生子”，无权继承张某的遗产。那么，私生子有权继承父亲遗产吗？

依法解析

生活中所称的“私生子”，是指没有婚姻关系的男女所生的子女，即法律意义上的非婚生子女。依据我国《民法典》第一千零七十一条规定，非婚生子女与婚生子女享有同等的权利。本案主要涉及子女继承权的问题。依据《民法典》法定继承的相关规定，配偶、子女、父母是第一顺序的继承人，这里所称的子女，包括婚生子女、非婚生子女、养子女、和有抚养关系的继子女。

在本案中，张某突发疾病死亡，没有遗嘱，应该按照法定继承的继承顺序由他的配偶、子女和父母来继承他的遗产。晓峰作为张某的非婚生子女，和笑笑一样依法享有继承张某遗产的权利，所以何某的想法是错误的。陈某与张某之间没有法定婚姻关系，虽无继承权，但是其作为晓峰的法定监护人可以帮助晓峰争取继承份额。

条文在线

《中华人民共和国民法典》

第一千零七十一条　第一款　非婚生子女享有与婚生子女同等的权利，任何组织或者个人不得加以危害和歧视。

第一千一百二十七条　遗产按照下列顺序继承：

（一）第一顺序：配偶、子女、父母；

…………

本编所称子女，包括婚生子女、非婚生子女、养子女和有扶养关系的继子女。

…………

舅舅不幸去世，外甥能继承遗产吗？

育儿案例

孙某是一个单亲妈妈，离婚后就带着儿子小乐常年住在娘家。小乐的舅舅一直未结婚，从事电商工作。平时孙某上班，舅舅带小乐比较多，二人感情也非常好。人有旦夕祸福，舅舅某日突发疾病，送去医院也没能挽救生命。孙某极其悲痛，想到自己的弟弟无儿无女，平时对小乐又关爱有加，于是孙某提出让儿子小乐继承舅舅留下的遗产。舅舅不幸去世，外甥能继承遗产吗?

依法解析

依据我国《民法典》第一千一百二十七条规定，第一顺序的继承人为配偶、子女、父母；第二顺序的继承人为兄弟姐妹、祖父母、外祖父母。很明显，外甥、外甥女、侄子、侄女等不在法定继承人的范围之内。所以根据法律规定，舅舅去世，外甥是没有继承权的。

当然，如果舅舅生前留有遗嘱指定外甥继承，外甥可以依据遗嘱继承。但是在本案中，小乐舅舅是意外去世且生前没有立遗嘱，按照法律规定，只能由父母作为第一顺序继承人来继承其全部遗产。如果被继承人没有第一顺序继承人，应该由第二顺序继承人来继承。但不管怎样，外甥小乐都不在舅舅法定继承的范围之内。

条文在线

《中华人民共和国民法典》

第一千一百二十七条 遗产按照下列顺序继承：

（一）第一顺序：配偶、子女、父母；

（二）第二顺序：兄弟姐妹、祖父母、外祖父母。

继承开始后，由第一顺序继承人继承，第二顺序继承人不继承；没有第一顺序继承人继承的，由第二顺序继承人继承。

…………

继父去世后，继子女有继承权吗？

育儿案例

女儿3岁的时候，王某的丈夫因车祸不幸去世。一年后，王某经人介绍认识了刘某，刘某离异，自己带着一个儿子生活。由于刘某对王某和女儿都很好，经济条件也不错，王某很快和刘某重组了家庭。王某的女儿长大成人后，对刘某也一直很照顾。后刘某突发疾病去世，王某和刘某儿子就遗产分割问题发生了冲突。刘某儿子坚决不同意王某女儿继承刘某的遗产。请问，继父去世后，继子女有继承权吗？

依法解析

依据我国《民法典》第一千一百二十七条的规定可知，子女享有继承权，这里的子女包括有扶养关系的继子女。那么，如何认定是否为“有扶养关系呢”？一般认为，如果继父母对继子女进行了扶养，继子女也对继父母进行了赡养，则二者之间实际形成了扶养关系，这样的继子女可以依法继承继父母的遗产。

具体在本案中，王某女儿4岁的时候就跟随王某与刘某一同生活，刘某作为继父对王某的女儿给予了生活上的照料与扶养，王某女儿成年以后也对刘某给予照顾，在这种情况下，可以认定王某女儿和刘某之间形成了扶养关系，王某女儿也就依法享有了继承刘某遗产的权利。

需要提醒大家的是，并非所有的继子女都有继承权，还要考虑实际情况及是否形成扶养关系。

条文在线

《中华人民共和国民法典》

第一千一百二十七条 遗产按照下列顺序继承：

（一）第一顺序：配偶、子女、父母；

（二）第二顺序：兄弟姐妹、祖父母、外祖父母。

继承开始后，由第一顺序继承人继承，第二顺序继承人不继承；没有第一顺序继承人继承的，由第二顺序继承人继承。

本编所称子女，包括婚生子女、非婚生子女、养子女和有扶养关系的继子女。

…………

遗嘱中可以不给未成年的孩子保留任何遗产份额吗？

育儿案例

冯某和马某经人介绍认识后结婚，婚后冯某嗜酒成性，经常打

骂马某，马某本想离婚，可是发现自己有了身孕，为了孩子便一直没有离婚。孩子生下来后冯某没有任何悔改，仍然随意打骂威胁马某，马某对冯某满是恨意。两年后马某抑郁成疾，发现自己得了绝症将不久于人世，因为不想把自己的财产份额让冯某拿去，于是立下遗嘱，自己去世后，所有的遗产都留给自己的妹妹。遗嘱中没有提及孩子的遗产份额，请问，遗嘱中可以不给未成年的孩子保留任何遗产份额吗？

依法解析

所谓遗嘱，即遗嘱人生前在法律允许的范围内，按照法律规定的方式对其遗产或其他事务所作出的个人处理，并于遗嘱人死亡时发生效力的法律行为。通俗来讲，就是立遗嘱人有权决定自己的遗产由谁来继承。继承开始后，有遗嘱的，应按照遗嘱办理，没有遗嘱的，按照法律规定来办理。

法律尊重立遗嘱人对自己财产的处分，但是我国《民法典》第一千一百四十一条也明确要求，遗嘱应当为缺乏劳动能力又没有生活来源的继承人保留必要的遗产份额。而未成年人作为缺乏劳动能力又没有生活来源的继承人，不能因为遗嘱而被剥夺继承份额，必须保障其基本生活。

具体到本案中，马某立遗嘱时应该考虑到孩子的继承权，即便是其遗嘱中没有给孩子留有遗产继承份额，马某的孩子也可以依法继承其应继承的份额。在此也要提醒大家，立遗嘱时，不应当剥夺未成年人的合法继承权。这不仅是法律的规定，也是社会主义道德和保护未成年人合法权益的要求。

条文在线

《中华人民共和国民法典》

第一千一百四十一条 遗嘱应当为缺乏劳动能力又没有生活来源的继承人保留必要的遗产份额。

丈夫去世，腹中胎儿有继承权吗？

育儿案例

曲某和刘某结婚后育有一个儿子晨晨，晨晨读小学以后，夫妻两人一直想要个二胎。不久，曲某怀孕，二人都很高兴。可是曲某怀孕没多久，刘某就因工伤去世。由于曲某平时和公公婆婆关系处得不太好，所以在刘某去世后，公婆就来和她分割丈夫的遗产。曲某认为可以按照法律规定分割，但是必须给自己腹中的胎儿一部分遗产。公婆则认为，孩子尚未出世，没有继承权。那么请问：丈夫去世，腹中胎儿有继承权吗？

依法解析

我国《民法典》第一千一百五十五条明确赋予了胎儿继承权，在没有遗嘱的情况下，父母的财产要为腹中胎儿保留“必留份”，胎儿可以直接作为继承人来分割财产。但是，如果胎儿娩出时为死体的，其民事权利能力自始不存在。也就是说，如果胎儿出生时为活体的，可以直接进行法定继承，依法继承父母的遗产；如果胎儿出生时是死胎的，自始没有民事权利能力，也就没有继承权；如果胎儿出生后不久死亡的，可以视为其已经取得了继承份额，胎儿死后可由其继承人按照法定继承方式进行继承。

具体到本案中，曲某腹中胎儿尚未出世，在分割刘某的遗产时，应该为其保留“胎儿必留份”，如果孩子顺利出世，其顺利取得相应份额的遗产；如果不能顺利出世，那么为其预留的份额应该继续由刘某的法定继承人进行继承。在此提醒大家，民法典赋予胎儿民事权利能力，也就认可了他的法律主体身份，一旦权益被侵害，其法定监护人可以通过法律途径维护胎儿的合法权益。

条文在线

《中华人民共和国民法典》

第一千一百五十五条 遗产分割时，应当保留胎儿的继承份额。胎儿娩出时是死体的，保留的份额按照法定继承办理。

孩子名下的存款能作为夫妻共同财产进行分割吗？

育儿案例

从毛毛出生时候起，钱某就把毛毛收到的所有满月份子钱、春节压岁钱、爷爷奶奶给的零花钱等存到了一个以毛毛名义开的账户里。夫妻二人商议，这钱就是毛毛的钱，等毛毛长大了就给他自己支配。但是前不久，夫妻俩因各种原因决定协议离婚，丈夫同意毛毛由钱某抚养，但是要分割毛毛名下的存款，认为这是他们的夫妻共同财产，但妻子钱某坚决不同意，称这是孩子的钱，谁也不能分割。那么，夫妻离婚，可以将孩子名下的存款作为夫妻共同财产进行分割吗？

依法解析

我国《民法典》第一千零六十二条明确规定了夫妻双方离婚时可以分割的夫妻共同财产的范围，孩子名下的财产依法不属于夫妻共同财产，夫妻不能对此进行分割。第一，孩子的财产登记在孩子名下，孩子是独立的个人，财产应该归孩子所有，而不属于父母，父母不能分割；第二，如果孩子尚未成年，父母离婚后，其中一方作为孩子的抚养权人，可以为孩子暂时保管财产，但不得随意处置孩子的财产。

具体到本案中，毛毛账户的存款应该是属于他单独所有。虽然毛毛的钱也是由其父母存入的，但存到毛毛名下，即视为对他的赠与，赠与完成后，财产归属于毛毛。父母离婚后，得到毛毛抚养权的一方，应该帮助他进行合理保管，一直到他成年，而不能随意处置他的存款。

条文在线

《中华人民共和国民法典》

第一千零六十二条 夫妻在婚姻关系存续期间所得的下列财产，为夫妻的共同财产，归夫妻共同所有：

（一）工资、奖金、劳务报酬；

（二）生产、经营、投资的收益；

（三）知识产权的收益；

（四）继承或者受赠的财产，但是本法第一千零六十三条第三项规定的除外；

（五）其他应当归共同所有的财产。

夫妻对共同财产，有平等的处理权。

孩子的财产直接归得到抚养权的一方所有吗？

育儿案例

梅梅出生后其爷爷奶奶很是喜爱，每年梅梅过生日，爷爷都要送给她一些十分贵重的礼物，奶奶则是每年送她一套黄金首饰或是摆件。在爷爷奶奶的关爱下，10 岁的梅梅已经十分富有。近两年，梅梅父母的关系一直很紧张，两人终于还是离了婚。梅梅由妈妈周某抚养，周某认为既然自己是抚养权人，梅梅的所有财产也可以直接归自己所有。请问，父母离婚后，孩子的财产直接归得到抚养权的一方所有吗？

依法解析

依据我国《民法典》第三十五条的规定可知，监护人除为维护被监护人的利益外，不得处分被监护人的财产。

父母协议离婚后，双方仍是孩子的监护人，如果孩子是未成年，应该协商确定一方为孩子的实际抚养权人。而就孩子的财产而言，孩子的财产归自己单独所有，得到抚养权的一方只是帮助管理，除非为了孩子的利益，不能随意处分。也就是说，不管父母是否离婚，孩子的财产都不能随意处分，即便是父母离婚后，抚养权人只是代为管理，并不会因此变为孩子财产的实际所有人。

具体到本案中，梅梅的所有财物都是爷爷奶奶对孙女的赠与，她才是这些财产的实际所有权人。基于物权的相关法律规定，任何人都不能未经所有权人允许而擅自处分别人的财物。当然，由于梅梅尚未成年，周某作为她的实际抚养权人和监护人，可以继续以孩子法定监护人的身份替孩子管理其名下的财产。

条文在线

《中华人民共和国民法典》

第三十五条　第一款　监护人应当按照最有利于被监护人的原则履行监护职责。监护人除为维护被监护人利益外，不得处分被监护人的财产。

孩子的压岁钱应该属于谁？

育儿案例

上小学四年级的小红今年回老家过年，春节期间小红总共收到5000元压岁钱。年后，小红的妈妈觉得自己过年也给出去很多压岁钱，这是长辈之间的礼尚往来，小红只是其中的媒介，所以要求她上交压岁钱。小红妈妈说："你现在太小，自己拿着这么多钱容易乱花，妈妈替你保管。"小红说："这是我自己的钱，我要自己保管！"请问，小红的压岁钱到底应该属于谁呢？

依法解析

理论上讲，压岁钱应该归小红所有。压岁钱具有保佑平安的良好寓意，过年时长辈给孩子压岁钱一直是我国的传统习俗，许多孩子收到压岁钱习惯上也都会上交父母。然而，从法律上来讲，长辈给孩子压岁钱的行为属于赠与，压岁钱应当归受赠人所有，我国《民法典》第十九条明确规定，8周岁以上的未成年人可以独立实施纯获利益的民事法律行为，接受长辈的压岁钱属于纯获利益的民事法律行为，未成年人是可以独立接受的，孩子只要年满8周岁，就有权自己保管压岁钱；而8周岁以下的孩子虽不能单独处置自己的压岁钱，但其仍是这些压岁钱的实际所有权人，家长只是代为保管。

需要注意的是，我国《民法典》第三十五条规定，监护人除为维护被监护人利益外，不得处分被监护人的财产。也就是说，父母不仅要代为保管，还应该尽到妥善保管的义务。具体到上面的案例中，小红的压岁钱应当归其本人所有，由于其年龄较小，可以交由妈妈代为管理。

条文在线

《中华人民共和国民法典》

第十九条　八周岁以上的未成年人为限制民事行为能力人，实施民事法律行为由其法定代理人代理或者经其法定代理人同意、追认；但是，可以独立实施纯获利益的民事法律行为或者与其年龄、智力相适应的民事法律行为。

第三十五条　第一款　监护人应当按照最有利于被监护人的原则履行监护职责。监护人除为维护被监护人利益外，不得处分被监护人的财产。

孩子自己有钱，可以想买啥就买啥吗？

育儿案例

欢欢今年7岁，是一名一年级的小学生。护士节马上到了，欢欢心里打算给母亲送一个护士节礼物，于是她跟爸爸说自己想暂时保管一下自己平时积攒的零花钱。于是爸爸就把一千多元零花钱全部给了欢欢。欢欢拿到钱以后，趁爸爸午睡的工夫，就去楼下的化

妆品店，给母亲买了一套化妆品，花费 600 元。爸爸批评女儿单独消费了这么多钱，是不应该的，追问是哪个商店出售给她的，要去确认。欢欢觉得很委屈，认为自己的钱想怎么花就怎么花，请问，法律也是这样规定的吗？

依法解析

随着生活水平的提高，家长给孩子们的零花钱也越来越多。很多孩子手上都会有不同金额的零花钱，家长也会允许其“自由支配”。但其实，即便孩子自己有钱，也不是想怎么花就怎么花的。我国《民法典》第一百四十四条规定，无民事行为能力人实施的民事法律行为无效。而无民事行为能力人则是指不满 8 周岁的未成年人和不能辨认自己行为的成年人，他们因为无法认知自己行为的后果，法律对其民事权利能力作出了一定限制。

在上述案例中，欢欢给母亲买礼物的心情我们都可以理解，这种关心妈妈的表现也应该表扬。但是从法律上来讲，欢欢仅 7 岁，未满 8 周岁，系无民事行为能力人，她花费 600 元购买化妆品的行为是无效的，并且这种购买行为也不能被追认，欢欢的父母可以找到商家进行退款。

条文在线

《中华人民共和国民法典》

第二十条　不满八周岁的未成年人为无民事行为能力人，由其法定代理人代理实施民事法律行为。

第一百四十四条　无民事行为能力人实施的民事法律行为无效。

孩子不小心把别人的玩具弄坏了，需要赔偿吗？

育儿案例

婷婷父母工作比较繁忙，婷婷平时由奶奶带着。某日，婷婷在

楼下和小伙伴晓阳一起玩耍，晓阳带了自己的一套新玩具变形金刚。由于晓阳的玩具很贵重，所以他的妈妈特意叮嘱大家要小心一点儿。婷婷是个女孩子，平时很少玩变形金刚，一不小心，就把晓阳的玩具弄坏了。晓阳哭着要她赔，婷婷不知所措，奶奶却说小孩子弄坏的东西不用赔。晓阳妈妈一听就不乐意了，认为孩子弄坏了东西，大人就应该赔偿。请问：孩子不小心把别人的玩具弄坏了，需要赔偿吗？

依法解析

日常生活中，大人损坏了别人的财物，应该照价赔偿，这是我们每个人的正常认知。而孩子损坏了别人的财物，是否要进行赔偿，可能就会出现不同的观点。有人认为孩子那么小，也不是故意的，也没有赔付能力，弄坏了就不用赔付了，其实不然。依据我国《民法典》第一千一百八十八条的规定可知，孩子造成他人损害的，应该由监护人承担相应的侵权责任，这里的损害当然包括财物损害。也就是说，虽然孩子是未成年人，但其监护人负有监护职责，对未成年人造成的他人人身、财物损害，都应当依法承担侵权赔偿责任。

在本案中，婷婷虽然不是故意的，但是她损坏了晓阳贵重的玩具，她的监护人应该承担损害赔偿责任，当然在赔偿时也会考虑监护人是否尽到了监护职责及婷婷的过错程度等。需要提醒各位家长的是，在照看孩子的时候要充分尽到监护职责，避免发生损害、侵权等事件，如果发生，不管是为了给孩子做榜样，还是本着解决事情的态度，都要杜绝互相推卸责任，妥善解决问题。

条文在线

《中华人民共和国民法典》

第一千一百八十八条 无民事行为能力人、限制民事行为能力人造成他人损害的，由监护人承担侵权责任。监护人尽到监护职责的，可以减轻其侵权责任。

有财产的无民事行为能力人、限制民事行为能力人造成他人损害的，从本人财产中支付赔偿费用；不足部分，由监护人赔偿。

未成年人立遗嘱有效吗？

育儿案例

最近，萌萌一直高烧不退，辗转多个医院检查，最终被确诊为急性白血病。突如其来的疾病让陈女士一家都无法承受，萌萌开始辍学住院治疗。萌萌的姥爷去世前通过立遗嘱的方式给了她一大笔遗产，萌萌在得病后觉得自己可能也会像姥爷一样去世，于是跟妈妈说自己也要写一个遗嘱，称自己去世以后，财产都留给爸爸妈妈，陈女士听到这不禁潸然泪下。请问，未成年人可以自己订立遗嘱吗？

依法解析

依据我国《民法典》第一千一百四十三条规定，无民事行为能力人或者限制民事行为能力人所立的遗嘱无效。未成年人系无民事行为能力人或限制民事行为能力人，不能订立遗嘱，即便是订立了遗嘱，也是没有法律效力的。

遗嘱是自然人生前在法律允许的范围内，按照法律规定的方式对其遗产或其他事务所作的个人处理，并于创立遗嘱人死亡时发生效力的法律行为。通过立遗嘱，人们可以按照自己的意愿分配自己死亡时遗留的个人合法财产，指定他人处理自己的切身事务。由于遗嘱的权利处分性质，其要求立遗嘱人对立遗嘱的行为有一定的认知，而未成年人由于心智尚未成熟，不能完全清楚地知晓立遗嘱的法律意义，因此，法律除对遗嘱进行了一定形式上的限制，还要求立遗嘱人必须具备完全行为能力。

例外情况是，如果未成年人年满 16 周岁，并且以自己的劳动收入为主要生活来源，视为完全民事行为能力人，则可以订立遗嘱。案例中的萌萌年仅10岁，系限制民事行为能力人，其订立的遗嘱无效。

条文在线

《中华人民共和国民法典》

第一千一百四十三条　第一款　无民事行为能力人或者限制民事行为能力人所立的遗嘱无效。

第四章

社会与网络活动

对于未成年人来说，其活动的范围，除了家庭和学校以外，当属“社会”了。而今，社会不仅指看得见听得到的现实场景，还包括“网络世界”。因此，我们把社会和网络活动相关的法律知识放到同一章讲解。本章结合《未成年人保护法》中的社会保护与网络保护规定，以及《道路安全交通法》《治安管理处罚法》《网络安全法》等法律法规进行讲解，帮助家长了解孩子在社会生活中的相关权利义务，教育孩子从小肩负起相应的社会责任，培养孩子优良品质。

第一节 社会活动中的法律常识

商场是否应当设置搜寻走失未成年人的安全警报系统？

育儿案例

十一黄金周，苏某带着5岁的女儿小雪来到熙熙攘攘的童装柜台，叮嘱女儿一定要紧紧跟着她。苏某在挑选衣服，小雪却被旁边柜台里摆放的玩具吸引，不知不觉就和苏某走散了。苏某发现孩子走丢以后，立刻联系了商场。但由于商场并未设置搜寻走失未成年人安全警报系统，二十分钟过去了依然没有女儿下落，苏某只好回到原处，却见孩子默默走回来找妈妈。苏某像经历了生死离别，抱着女儿痛哭起来。请问，商场是否有义务设置搜寻走失未成年人的安全警报系统？

依法解析

依据我国《未成年人保护法》第五十六条规定，公共场所应当采取对未成年人的安全保护措施。对于大型的商场、超市、医院、图书馆、博物馆、科技馆、游乐场、车站、码头、机场、旅游景区景点等人流量较大、未成年人容易走丢的场所，应当设置搜寻走失未成年人的安全警报系统，用于寻找走丢的未成年人。除了设置安全警报系统以外，当发生未成年人走丢的情况时，场所运营单位在搜寻未成年人之余，还应当及时将相关情况报告给公安机关。

在上面的案例中，苏某可以依据《未成年人保护法》第一百二十二条的规定，将该商场未设置搜寻走失未成年人的安全警报系统的情况向市场监督管理、应急管理、公安等部门反映，以责令该商场改正。除此之外，苏某作为家长，也应当尽到防止孩子走丢的义务，如可以为未成年人佩戴电话手表并安装 GPS 定位系统等。

条文在线

《中华人民共和国未成年人保护法》

第五十六条 未成年人集中活动的公共场所应当符合国家或者行业安全标准，并采取相应安全保护措施。对可能存在安全风险的设施，应当定期进行维护，在显著位置设置安全警示标志并标明适龄范围和注意事项；必要时应当安排专门人员看管。

大型的商场、超市、医院、图书馆、博物馆、科技馆、游乐场、车站、码头、机场、旅游景区景点等场所运营单位应当设置搜寻走失未成年人的安全警报系统。场所运营单位接到求助后，应当立即启动安全警报系统，组织人员进行搜寻并向公安机关报告。

公共场所发生突发事件时，应当优先救护未成年人。

第一百二十二条 场所运营单位违反本法第五十六条第二款规定、住宿经营者违反本法第五十七条规定的，由市场监督管理、应急管理、公安等部门按照职责分工责令限期改正，给予警告；拒不改正或者造成严重后果的，责令停业整顿或者吊销营业执照、吊销相关许可证，并处一万元以上十万元以下罚款。

小学生能骑自行车上学吗？

育儿案例

小薇今年 11 岁，自从升五年级以后，小薇觉得自己已经是一名高年级的学生了，并利用假期和同学一起学会了骑自行车，便向父母提出，想要一辆属于自己的自行车，这样以后就可以骑自行车上学了。父母觉得学校离家也不远，可以锻炼一下女儿的能力，于是，同意了小薇的请求。请问，小薇刚满 11 岁，能骑自行车上学吗？

依法解析

依据我国《道路交通安全法实施条例》第七十二条第一项的规定，必须年满 12 周岁以后才能在道路上驾驶自行车。这是法律的强制性规定，无论道路上车流量多少、监护人是否随行，未满12后周岁的未成年人都不得骑车上路。但是，这条规定并不代表未满12周岁的未成年人完全不能骑自行车，只是不能在“道路”上行驶。这里的道路，指的是《道路交通安全法》第一百一十九条第一项所规定的公路、城市道路和虽在单位管辖范围但允许社会机动车通行的地方，包括广场、公共停车场等用于公众通行的场所。

小薇刚满11周岁，还不符合法律所规定的骑车上路的年龄限制。因此，即使家长在小薇骑自行车时全程陪同看护，依法小薇也不能骑自行车去上学。

条文在线

《中华人民共和国道路交通安全法实施条例》

第七十二条 在道路上驾驶自行车、三轮车、电动自行车、残疾人机动轮椅车应当遵守下列规定：

（一）驾驶自行车、三轮车必须年满12周岁；

…………

《中华人民共和国道路交通安全法》

第一百一十九条 本法中下列用语的含义：

（一）“道路”，是指公路、城市道路和虽在单位管辖范围但允许社会机动车通行的地方，包括广场、公共停车场等用于公众通行的场所。

…………

孩子能骑电动车上学吗？

育儿案例

小部同学进入初三后，课业明显紧张起来，常常很晚才睡觉，第二天又要起大早去赶公交车到校。见儿子这么辛苦，家长很是心疼。为了让儿子早上能多睡一会儿，爸爸决定给他购买一辆电动车，让孩子骑电动车去上学既能省力气又能躲避拥堵，一举两得。小部也表示很开心。那么，15 岁的小部骑电动车去上学，是否符合法律的规定？

依法解析

依据我国《道路交通安全法实施条例》第七十二条第二项的规定，在道路上驾驶电动自行车必须年满 16 周岁。与普通的自行车相比，电动自行车的速度更快，要驾驶电动自行车，需要更快的反应速度与控制能力。而未成年人还没有发育成熟，与成年人相比，反应速度和控制能力都比较差，大部分未成年人并不适合驾驶电动自行车。将驾驶电动自行车的年龄限制在 16 岁，是出于对未成年人发育状况的考虑，在最大程度上避免未成年人在驾驶电动自行车时发生安全事故。家长疼爱孩子的心情可以理解，但是小部还只有 15 周岁，不能骑电动车上路。

条文在线

《中华人民共和国道路交通安全法实施条例》

第七十二条 在道路上驾驶自行车、三轮车、电动自行车、残疾人机动轮椅车应当遵守下列规定：

…………

（二）驾驶电动自行车和残疾人机动轮椅车必须年满 16 周岁；

…………

家长能骑摩托车接送孩子吗？

育儿案例

为了接送上小学的二年级孩子，景某特地考取了摩托车驾驶证，并购买了一辆摩托车。这天送孩子去上学时，执勤的交警却将景某拦停，并告知他摩托车后座不能搭载儿童。请问，家长能用摩托车接送年幼的孩子上下学吗？

依法解析

依据我国《道路交通安全法实施条例》第五十五条第三项规定，摩托车属于机动车的一种，后座可以载人，但是必须遵守法律的限制规定。除了轻便摩托车不得载人以外，其他摩托车后座不得乘坐未满12周岁的未成年人。这是因为与汽车这样的机动车相比，摩托车的安全保护措施较少，大部分摩托车后座并没有安全带。如果后座乘坐的未成年人年龄过小，很可能会发生坐不稳从后座上掉落的情况，不仅会对未成年人造成伤害，还会对交通安全造成一定的隐患。

在上面的案例中，景某的孩子年龄还没满12周岁，根据法律规定是不能乘坐摩托车后座的。即使景某在后座设置了安全带等安全防护措施，也不能让孩子乘坐摩托车后座。这不仅仅是为了遵守法律规范，更是为了孩子的安全考虑。

条文在线

《中华人民共和国道路交通安全法实施条例》

第五十五条 机动车载人应当遵守下列规定：

…………

（三）摩托车后座不得乘坐未满12周岁的未成年人，轻便摩托车不得载人。

让孩子在马路上练习轮滑，违法了吗？

育儿案例

一天，静静回家以后情绪很低落。妈妈询问后得知，静静在学校报名参加了轮滑兴趣班，但怎样也滑不好，非常气馁。听了女儿的话，妈妈就鼓励静静，并每天晚饭后陪她练习。但他们居住的小区铺设的是砖路，妈妈见小区外面的小马路很平坦，平时车辆也比较少，便带静静到马路上练习轮滑。请问，在马路上练习轮滑是否违法？

依法解析

与机动车和非机动车的驾驶人一样，行人也需要遵守道路交通安全的法律法规。

依据我国《道路交通安全法实施条例》第七十四条规定，行人在道路上通行时，不得有下列行为：（一）在道路上使用滑板、旱冰鞋等滑行工具；（二）在车行道内坐卧、停留、嬉闹；（三）追车、抛物击车等妨碍道路交通安全的行为。

由此可见，遵守交通安全法规、维护道路交通安全也是行人的义务。对于滑板、旱冰鞋、平衡车等无法采取有效紧急制动措施的代步工具，不得在道路上使用，否则很可能会因为无法迅速停止而引发交通事故。就本案而言，即使马路上通行的车辆很少，依法家长也不能让孩子到马路上练习轮滑。这种行为依据《道路交通安全法》第八十九条的规定，会被处以警告或者罚款。

条文在线

《中华人民共和国道路交通安全法实施条例》

第七十四条 行人不得有下列行为：

（一）在道路上使用滑板、旱冰鞋等滑行工具；

（二）在车行道内坐卧、停留、嬉闹；

（三）追车、抛物击车等妨碍道路交通安全的行为。

《中华人民共和国道路交通安全法》

第八十九条 行人、乘车人、非机动车驾驶人违反道路交通安全法律、法规关于道路通行规定的，处警告或者五元以上五十元以下罚款；非机动车驾驶人拒绝接受罚款处罚的，可以扣留其非机动车。

在水源保护区游泳是否违法？

育儿案例

暑假如何“带娃”，对许多家长来说都很费心思。图图自放暑假以后，每天除了写完当天安排的作业，大部分时间就是看电视、玩电脑。图图的爸爸只要有时间，就会想尽办法安排孩子去户外走走。这天外面太热了，爸爸便决定带他去郊区的水库。图图看着清凉的流水，不等爸爸同意，脱下外衣就站在了水里，要下去游泳，但很快被爸爸叫了上来。因为爸爸发现水库附近放置着警示牌，表明该水库属于饮用水水源一级保护区，禁止游泳。请问，在水源保护区游泳违法吗？

依法解析

依据我国《水污染防治法》第六十五条第二款规定，在饮用水水源一级保护区内，禁止从事任何可能导致饮用水水体污染的活动。如果个人违反此条规定，在饮用水水源一级保护区内从事游泳、垂钓等可能污染水源的活动的，应当按照本法第九十一条第二款的规定，由县级以上地方人民政府环境保护主管部门责令停止违法行为，同时可以根据实际情况对其处以五百元以下的罚款。

在上面的案例中，一方面，该水库属于饮用水水源一级保护区，每个人都应当保护，不得实施可能会污染水体的行为；另一方面，水库与正规游泳馆、水上乐园不同，没有相应的安全保障，也没有专业的救生人员。游泳必须前往正规的游泳馆等场所，远离河边、水库、江边等容易发生危险的区域。

条文在线

《中华人民共和国水污染防治法》

第六十五条　第二款　禁止在饮用水水源一级保护区内从事网箱养殖、旅游、游泳、垂钓或者其他可能污染饮用水水体的活动。

第九十一条　第二款　在饮用水水源一级保护区内从事网箱养殖或者组织进行旅游、垂钓或者其他可能污染饮用水水体的活动的，由县级以上地方人民政府环境保护主管部门责令停止违法行为，处二万元以上十万元以下的罚款。个人在饮用水水源一级保护区内游泳、垂钓或者从事其他可能污染饮用水水体的活动的，由县级以上地方人民政府环境保护主管部门责令停止违法行为，可以处五百元以下的罚款。

家长能让孩子帮忙跑腿去购买彩票吗？

育儿案例

耿某平时有购买彩票的习惯。一天，适逢周六，耿某因为加班回家晚，就让14岁的儿子替自己去买几张彩票。彩票销售网点的老板见他看起来像个学生，便询问他多大了，得知小耿的年龄以后，老板让他回家告诉家长，说让家长自己来买。请问，家长能让孩子帮忙跑腿去购买彩票吗？

依法解析

从法律角度来讲，购买彩票属于射幸行为的一种。所谓射幸行为，就是具有偶然性与不确定性、需要“碰运气”来获取利益的行为。具体来讲，赌博属于违法的射幸行为，而购买保险、彩票等属于法律允许的射幸行为。由于彩票中奖具有不确定性，在一定程度上会吸引人不断购买。未成年人与成年人相比，自控能力较差，很容易对购买彩票形成上瘾的心理状态。因此，我国《未成年人保护法》第五十九条第一款和《彩票管理条例》第十八条第三项都规定，严禁向未成年人出售彩票。

如果有彩票发行机构、彩票销售机构违法向未成年人销售彩票的，应当按照《彩票管理条例》第四十条的规定，由财政部门对其进行处罚。

在上面的案例中，耿某作为小耿的监护人，有责任帮助孩子营造适合未成年人成长的环境，避免他过早地接触不适合未成年人接触的事物。除了彩票以外，烟、酒也不能向未成年人出售。家长要购买此类物品，不能让孩子帮忙跑腿。

条文在线

《中华人民共和国未成年人保护法》

第五十九条　第一款　学校、幼儿园周边不得设置烟、酒、彩票销售网点。禁止向未成年人销售烟、酒、彩票或者兑付彩票奖金。烟、酒和彩票经营者应当在显著位置设置不向未成年人销售烟、酒或者彩票的标志；对难以判明是否是未成年人的，应当要求其出示身份证件。

《彩票管理条例》

第十八条　彩票发行机构、彩票销售机构、彩票代销者不得有下列行为：

…………

（三）向未成年人销售彩票；

…………

第四十条　彩票发行机构、彩票销售机构有下列行为之一的，由财政部门责令改正；有违法所得的，没收违法所得；对直接负责的主管人员和其他直接责任人员，依法给予处分：

……

（四）向未成年人销售彩票的；

…………

发现孩子的笔名被冒充，可以怎样帮孩子维权？

育儿案例

小琴从小就很喜欢文学，从小学开始，就常常自己写一些小诗歌。

妈妈觉得女儿有写作方面的天赋，一直很支持女儿发展自己的兴趣爱好。小琴上了高中以后，开始尝试着向一些杂志社投稿。很快，她的文采就得到了杂志社的认可。在短短一年时间内，小琴以“琴儿”这一笔名通过该杂志社发表了多篇诗歌和散文，在当地也有了一些名气。一天，妈妈无意间发现某杂志上登载有“琴儿”发表的文章，但是女儿并没有向该杂志社投过稿，妈妈于是怀疑女儿的笔名被冒充了。她想知道，应当如何帮助女儿维权呢?

依法解析

依据我国《民法典》第一千零一十二条规定，我国每个公民都享有姓名权，如果姓名被他人未经许可便使用的，有权追究对方的法律责任。除了我们登记在身份证、户口本上的正式姓名以外，部分笔名、艺名、网名等姓名被他人冒用的，也可以认定为姓名权被侵犯。依据《民法典》第一千零一十七条的规定，笔名、艺名、网名、译名、字号、姓名和名称的简称等要适用姓名权的相关规定，应当符合以下两个限制条件：第一，具有一定社会知名度。例如，我们为了上网聊天而随手起的并不具有知名度的网名未经许可被他人使用的，不能认为他人侵犯姓名权；第二，被他人使用足以造成公众混淆。不足以造成混淆的，不适用姓名权的相关规定。

在上面的案例中，依据《民法典》第九百九十五条的规定，小琴的家长可以作为小琴的法定代理人，以小琴的名义，以侵犯姓名权为由将对方诉至法院。如果小琴因对方冒用笔名的行为受到损害的，可以要求对方赔偿。

条文在线

《中华人民共和国民法典》

第九百九十五条 人格权受到侵害的，受害人有权依照本法和其他法律的规定请求行为人承担民事责任。受害人的停止侵害、排除妨碍、消除危险、消除影响、恢复名誉、赔礼道歉请求权，不适用诉讼时效的规定。

第一千零一十二条 自然人享有姓名权，有权依法决定、使用、变更或者许可他人使用自己的姓名，但是不得违背公序良俗。

第一千零一十七条 具有一定社会知名度，被他人使用足以造成公众混淆的笔名、艺名、网名、译名、字号、姓名和名称的简称等，参照适用姓名权和名称权保护的有关规定。

孩子将器官捐献给他人的决定，有法律效力吗？

育儿案例

邹某的儿子小满今年11岁，是一名小学生。一天，学校组织同学们参加了一个给白血病儿童送花的公益活动。小满与白血病患儿们交流后，十分同情这些小小年纪就患上绝症的小朋友，一直想要帮助他们。过了一段时间，小满在新闻中看到一名年仅8岁的小朋友因为先天性肾病而患上了尿毒症，正在向社会募集捐款。小满得知那名小朋友需要进行肾移植手术以后，便想要将自己的一个肾捐献给他，于是让邹某带他去医院进行配型。邹某见儿子这么有爱心，心里也很感动。那么，如果配型成功，小满能将自己的肾脏捐献给他人吗？

依法解析

依据我国《民法典》第一千零六条第一款及《人体器官移植条例》第八条规定，只有完全民事行为能力人才能决定是否要捐献自己的人体器官。因此，未成年人作出的捐赠人体器官的决定并不具有法律效力，任何组织或者个人都不得以未成年人自愿为由摘取其活体器官用于移植。同样，未成年人的父母或监护人也不能代替未成年人作出捐赠器官的决定。但是，如果未成年人已经死亡，此时未成年人的父母可以同意捐献死后的未成年人的人体器官，并应当通过书面形式表现出来。

在上面的案例中，由于小满只有11岁，还是限制民事行为能力人，即使他主动表示要捐献器官，也不能将他的肾脏捐献给他人。

条文在线

《中华人民共和国民法典》

第一千零六条　第一款　完全民事行为能力人有权依法自主决定无偿捐献其人体细胞、人体组织、人体器官、遗体。任何组织或者个人不得强迫、欺骗、利诱其捐献。

《人体器官移植条例》

第八条　捐献人体器官的公民应当具有完全民事行为能力。公民捐献其人体器官应当有书面形式的捐献意愿，对已经表示捐献其人体器官的意愿，有权予以撤销。

公民生前表示不同意捐献其人体器官的，任何组织或者个人不得捐献、摘取该公民的人体器官；公民生前未表示不同意捐献其人体器官的，该公民死亡后，其配偶、成年子女、父母可以以书面形式共同表示同意捐献该公民人体器官的意愿。

第九条　任何组织或者个人不得摘取未满18周岁公民的活体器官用于移植。

第十条　活体器官的接受人限于活体器官捐献人的配偶、直系血亲或者三代以内旁系血亲，或者有证据证明与活体器官捐献人存在因帮扶等形成亲情关系的人员。

以他人的照片为参照进行绘画，是否侵犯他人肖像权？

育儿案例

莹莹跟爸爸有相同的爱好，从小就对绘画表现出极大的兴趣，于是爸爸在她小学阶段便为她报了美术课外班，让她能够系统地学习绘画。经过几年坚持不懈的学习，莹莹已经达到了素描八级的水平，爸爸很是欣慰。这天，莹莹跟爸爸说下周老师通知大家带一张肖像

照片，要进行人像绘画。爸爸便帮助她在网上找到了一张他人公开发布的照片，当做她的“模特”。请问，莹莹以他人的肖像为参照作画，是否侵犯他人的肖像权？

依法解析

依据我国《民法典》第一千零一十八条和第一千零一十九条，我们每个人都享有肖像权，在未经肖像权人同意的情况下，任何个人或者组织都不能制作、使用、公开肖像权人的肖像。但是，法律对肖像权进行了一系列合理使用的限制性规定。本法第一千零二十条规定，在下列情况下可以不经他人同意合理使用他人的肖像：（一）为个人学习、艺术欣赏、课堂教学或者科学研究，在必要范围内使用肖像权人已经公开的肖像；（二）为实施新闻报道，不可避免地制作、使用、公开肖像权人的肖像；（三）为依法履行职责，国家机关在必要范围内制作、使用、公开肖像权人的肖像；（四）为展示特定公共环境，不可避免地制作、使用、公开肖像权人的肖像；（五）为维护公共利益或者肖像权人合法权益，制作、使用、公开肖像权人的肖像的其他行为。需要注意的是，在这些情况下使用他人肖像的，必须把握住“合理”的范畴，如果超出合理使用的范围使用他人肖像的，同样需要承担法律责任。

在上面的案例中，该肖像是他人已经公开发布的，且莹莹使用他人肖像是为了进行课堂教学，在完成肖像画后也并没有利用肖像画谋取利益，属于合理使用他人肖像的范畴。因此，莹莹的行为并不侵犯他人的肖像权。

条文在线

《中华人民共和国民法典》

第一千零一十八条 自然人享有肖像权，有权依法制作、使用、公开或者许可他人使用自己的肖像。

肖像是通过影像、雕塑、绘画等方式在一定载体上所反映的特定自然人可以被识别的外部形象。

第一千零一十九条 任何组织或者个人不得以丑化、污损，或者利用信息技术手段伪造等方式侵害他人的肖像权。未经肖像权人同意，不得制作、使用、公开肖像权人的肖像，但是法律另有规定的除外。

未经肖像权人同意，肖像作品权利人不得以发表、复制、发行、出租、展览等方式使用或者公开肖像权人的肖像。

第一千零二十条 合理实施下列行为的，可以不经肖像权人同意：

（一）为个人学习、艺术欣赏、课堂教学或者科学研究，在必要范围内使用肖像权人已经公开的肖像；

（二）为实施新闻报道，不可避免地制作、使用、公开肖像权人的肖像；

（三）为依法履行职责，国家机关在必要范围内制作、使用、公开肖像权人的肖像；

（四）为展示特定公共环境，不可避免地制作、使用、公开肖像权人的肖像；

（五）为维护公共利益或者肖像权人合法权益，制作、使用、公开肖像权人的肖像的其他行为。

占用火车轨道拍摄艺术照，违法了吗？

育儿案例

一天，小谢在刷短视频时，看到了某网红在一处废弃铁轨上拍摄的照片。她和几名大学舍友都觉得照片很好看，也想仿照着拍一套。恰好学校附近就有一处铁轨，虽然还在通车，但是通车间隔很大，有时一天也不见有车通过，完全不影响拍照。于是，小谢几人就雇了一名摄影师，把许多拍照用的道具都摆在了轨道上，准备拍摄 。路过的行人发现后，认为她们的行为十分危险，便报了警。请问，在火车轨道上拍摄艺术照的做法，违法了吗？

依法解析

要想保证火车、高铁等在轨道上安全行驶，必须时刻保障轨道上没有影响通行的障碍物。否则，高速行驶中的列车往往很难及时采取制动措施，无法立刻刹车，很容易造成列车侧翻等事故，不仅会对列车上的乘客造成伤害，还可能危及附近居民的人身和财产安全，给公共安全造成重大危害。因此，我国《治安管理处罚法》第三十五条和第三十六条对在铁路轨道上放置障碍物以及擅自进入火车、影响行车安全的行为作出了处罚规定。如果行为人影响行车安全，很可能面临罚款甚至拘留的治安管理处罚。

在上面的案例中，小谢等人在轨道上放置拍照器材及拍摄照片的行为，不仅会影响行车安全，还可能会危及自身的生命安全，违反了治安管理处罚法的规定。

条文在线

《中华人民共和国治安管理处罚法》

第三十五条 有下列行为之一的，处五日以上十日以下拘留，可以并处五百元以下罚款；情节较轻的，处五日以下拘留或者五百元以下罚款：

…………

（二）在铁路线路上放置障碍物，或者故意向列车投掷物品的；

…………

第三十六条 擅自进入铁路防护网或者火车来临时在铁路线路上行走坐卧、抢越铁路，影响行车安全的，处警告或者二百元以下罚款。

第二节 网络活动中的法律常识

孩子疯狂给网络主播刷礼物，父母还能找平台把钱要回来吗？

育儿案例

一次偶然的机会，9岁的小多点开了某讯视频号里的游戏直播，见主播操作娴熟、战无不胜，人也风趣幽默，他很快被游戏直播吸引住了。直播间里，不断有人给主播刷礼物打赏，小多也跟着刷，然而，他并不知道这些礼物暗中标注的价格。短短一周时间，他就刷了价值高达一万余元的礼物。请问，小多疯狂给网络主播刷礼物，他的父母能找平台把钱要回来吗？

依法解析

小多年仅9岁，属于限制民事行为能力人，其疯狂给网络主播刷礼物的行为在法律上是超出其年龄和智力水平的，小多的父母有权要求网络直播平台返还打赏款项。

依据我国《民法典》第十九条和第一百四十五条规定，限制民事行为能力人实施民事行为是否有效取决于其行为与其年龄、智力是否相适应，法定代理人是否同意、追认。限制民事行为能力人作出的行为与其年龄、智力状况相符的，行为有效。若限制民事行为能力人实施的民事行为与其年龄、智力不相适应，限制民事行为能力人实施的法律行为效力待定。如果其法定代理人在限制民事行为能力人实施行为前没有同意，在限制民事行为能力人实施行为后没有追认或者在收到催告通知三十日内未作表示，则该限制民事行为能力人实施的法律行为无效。当法定代理人对限制民事行为能力人超出其年龄、智力状况的行为表示同意或者追认后，该行为有效。另外，限制民事行为能力人作出的纯获利益行为不受上述规定的限制，例如，接受赠与或者继承财产都是有效的。

在上面的案例中，9岁的小多是限制民事行为能力人，不能认识到刷礼物打赏消费的金额及后果，且小多的父母在小多刷礼物之前没有同意，在他刷礼物之后也没有进行追认，因此，小多刷礼物的行为是无效的。小多的父母有权向网络直播平台要求返还打赏款项，网络直播平台应当予以返还。

条文在线

《中华人民共和国民法典》

第十九条　八周岁以上的未成年人为限制民事行为能力人，实施民事法律行为由其法定代理人代理或者经其法定代理人同意、追认；但是，可以独立实施纯获利益的民事法律行为或者与其年龄、智力相适应的民事法律行为。

第一百四十五条　限制民事行为能力人实施的纯获利益的民事法律行为或者与其年龄、智力、精神健康状况相适应的民事法律行为有效；实施的其他民事法律行为经法定代理人同意或者追认后有效。

相对人可以催告法定代理人自收到通知之日起三十日内予以追认。法定代理人未作表示的，视为拒绝追认。民事法律行为被追认前，善意相对人有撤销的权利。撤销应当以通知的方式作出。

经过未成年人本人同意，就可以在网络上使用其照片吗？

育儿案例

高中生小伊经常关注微博上的娱乐八卦，梦想成为一个明星。她还经常在微博上分享旅行、自拍、健身等的照片，希望能被星探发现。由于小伊本人五官精致、长相清秀，她的照片经常能得到很多人的点赞和评论。一日，某网站的运营者周某私聊小伊，称自己与某经纪公司有合作，可以帮助她实现成为明星的愿望，但需要她到某指定网站上传自己的照片。周某还告诉小伊，为了扩大知名度，网站会使用她的照片做一些美化和推广。小伊以为自己的愿望马上就要实现了，就在周某指定的网站上传了照片，并且勾选了同意网

站使用其照片的选项。那么请问，网络平台只经过未成年人本人同意，就可以在网络上使用其照片吗？

依法解析

即使网络平台经过未成年人本人同意，但最终是否可以在网上使用其照片仍不能一概而论，而要具体区分未成年人的年龄和智力水平等情况。依据我国《民法典》第十九条和第一百四十五条规定，8周岁以上的未成年人属于限制民事行为能力人，限制民事行为能力人实施超出其年龄、智力水平的法律行为的，需要经过其法定代理人同意或者追认，否则该行为无效。当然，如果限制民事行为能力人实施的是与其年龄、智力相适应的法律行为（例如购买学习用品）及纯获利益的行为（例如接受赠与），这两类行为不需要其法定代理人同意或追认，就是有效的。简言之，未成年人对网络平台使用自己照片的法律后果并不清楚，自己无法直接决定，也无能力承担因此产生的后果，因此，网络平台要想使用未成年人的照片，要经过未成年人父母或其他监护人的同意或追认。

在上面的案例中，尽管小伊同意网站使用自己的照片，但她不能充分认识到网站使用自己照片的后果，小伊年龄尚小，网站不能仅仅经过她的同意就随意使用她的照片，还要经过小伊的父母或者其他监护人的同意。对于小伊已经上传的照片，她的父母或者其他监护人可以要求网站删除。

条文在线

《中华人民共和国民法典》

第十九条 八周岁以上的未成年人为限制民事行为能力人，实施民事法律行为由其法定代理人代理或者经其法定代理人同意、追认；但是，可以独立实施纯获利益的民事法律行为或者与其年龄、智力相适应的民事法律行为。

第一百四十五条 限制民事行为能力人实施的纯获利益的民

事法律行为或者与其年龄、智力、精神健康状况相适应的民事法律行为有效；实施的其他民事法律行为经法定代理人同意或者追认后有效。

相对人可以催告法定代理人自收到通知之日起三十日内予以追认。法定代理人未作表示的，视为拒绝追认。民事法律行为被追认前，善意相对人有撤销的权利。撤销应当以通知的方式作出。

《中华人民共和国未成年人保护法》

第七十二条 信息处理者通过网络处理未成年人个人信息的，应当遵循合法、正当和必要的原则。处理不满十四周岁未成年人个人信息的，应当征得未成年人的父母或者其他监护人同意，但法律、行政法规另有规定的除外。

未成年人、父母或者其他监护人要求信息处理者更正、删除未成年人个人信息的，信息处理者应当及时采取措施予以更正、删除，但法律、行政法规另有规定的除外。

网络上的"言论自由"要有怎样的底线？

育儿案例

最近，小伟和小陶在学校里发生了一些矛盾。小伟便在朋友圈发表带有侮辱、谩骂等词语的言论，并且设置了分组可见。尽管这些言论并没有指名道姓地辱骂小陶，但小伟和小陶共同的好友，均能通过朋友圈的内容识别出被骂的人就是小陶。小慧在浏览了小伟的朋友圈之后，将小伟的朋友圈截图发给了小陶。小陶得知自己被小伟辱骂之后，非常生气，要求小伟立即删除，并在朋友圈公开道歉。小伟认为，自己享有言论自由，自己的朋友圈想怎么发就怎么发，小陶无权干涉。请问，网络上的"言论自由"要有怎样的底线？

依法解析

网络上"言论自由"应以不损害国家利益、不损害社会公共利益、不损害集体利益、不损害其他公民的合法的自由和权利为界限。对此，我国《宪法》第三十五条和第五十一条规定，我国公民有言论自由，但是言论自由受到一定的限制。公民在行使言论自由权利的时候不得损害国家利益、社会公共利益、集体利益及其他公民的权利。换句话说，虽然任何公民都可以在网络上公开发表言论，但是在网络上不得发布危害国家统一、主权和领土完整的言论；不得发布煽动民族分裂、不尊重少数民族风俗习惯、破坏民族团结的言论；不得发布侮辱、诽谤他人的言论等。

在上面的案例中，小伟确实享有言论自由，但小伟的言论已经超出了言论自由权利的边界。小伟在朋友圈发布侮辱小陶的言论，就侵犯了小陶的名誉权。因此，小陶有权要求小伟立即删除该朋友圈，并在朋友圈向自己道歉。

网络并非法外之地，在网络上发表言论，要遵循一定的底线。未成年网络用户心智不成熟，容易情绪化，发表一些不当言论，父母更要关注未成年人使用网络情况，引导孩子文明上网，纠正孩子的不良上网习惯。

条文在线

《中华人民共和国宪法》

第三十五条 中华人民共和国公民有言论、出版、集会、结社、游行、示威的自由。

第五十一条 中华人民共和国公民在行使自由和权利的时候，不得损害国家的、社会的、集体的利益和其他公民的合法的自由和权利。

《中华人民共和国民法典》

第一千零二十四条 民事主体享有名誉权。任何组织或者个人不得以侮辱、诽谤等方式侵害他人的名誉权。

名誉是对民事主体的品德、声望、才能、信用等的社会评价。

未经同意发他人丑照到网上，是侵权行为吗？

育儿案例

豆豆和培培一起去游乐园玩耍，培培在玩大摆锤项目时由于害怕和紧张，作出了非常狰狞的表情。豆豆认为培培形象全无的样子很搞笑，便拍下了他的丑照，并配上夸张的文字，做成了表情包。从游乐园回家后，豆豆发了带有培培丑照的朋友圈。培培点赞并且评论了该朋友圈，希望豆豆能够删除自己的丑照。豆豆认为，自己只是开个玩笑，没有必要删除照片。不久，豆豆又将培培的丑照发到了班级群。培培彻底愤怒了，要求豆豆立即撤回，删除手机里自己的丑照，并向自己道歉。请问，未经同意发他人丑照到网上，是侵权行为吗？

依法解析

未经同意发他人丑照到网上，会侵害他人的肖像权。我国《民法典》第一千零一十九条明确规定，任何组织或者个人不得以丑化等方式侵害他人的肖像权。未经肖像权人同意，不得制作、使用、公开肖像权人的肖像。根据上述规定可知，即使是同学、朋友之间开玩笑，未经同意将他人丑照发到网上，也构成侵犯肖像权。

在上面的案例中，豆豆未经培培同意，擅自将他的丑照外传的行为已经侵犯了他的肖像权。豆豆应该立即删除培培的丑照，并且在给培培带来不良影响的范围内向他赔礼道歉。

需要提醒家长和未成年人注意的是，同学和朋友之间的玩笑要有度，不得以丑化、取笑、嘲讽他人为乐，既有悖于文明风尚的要求，也违反了法律的禁止性规定。

条文在线

《中华人民共和国民法典》

第一千零一十九条 任何组织或者个人不得以丑化、污损，或者利用信息技术手段伪造等方式侵害他人的肖像权。未经肖像权人同意，不得制作、使用、公开肖像权人的肖像，但是法律另有规定的除外。

未经肖像权人同意，肖像作品权利人不得以发表、复制、发行、出租、展览等方式使用或者公开肖像权人的肖像。

网络欺凌有哪些表现形式，如何防范？

育儿案例

高中生小白和小蓝本来是好闺蜜，后来，双方感情破裂。原来，她们同时喜欢上了小阳，而小阳和小蓝互相喜欢。为了不让小白伤心，小阳和小蓝开始了地下恋情。可小白还是发现了小阳和小蓝之间的恋情。小白认为是小蓝抢走了小阳，便在自己的微信公众号多次发布侮辱、贬低小蓝是渣女的不实言论。小蓝受不了同学们的议论和嘲讽，不愿意再去学校上学。那么请问，小白的行为属于网络欺凌吗？网络欺凌有哪些表现形式，如何防范？

依法解析

依据《未成年人保护法》第一百三十条第三项规定，网络欺凌是指一方利用网络手段对另一方实施故意、恶意的欺压、侮辱、恐吓、孤立，造成另一方人身伤害、财产损失或者精神损害的行为。网络欺凌包括利用网络媒介制造和传播带有威胁、恐吓性质的短信、电话、邮件；发布带有攻击、侮辱、造谣、诽谤性质的言论；曝光他人隐私；将某一个人踢出群聊、在社交网络上屏蔽他人等。

随着网络科技的日益发展和网络用户的低龄化，网络欺凌现象日渐增多，甚至有“走进校园”的风险，对未成年人的成长造成一定的不利影响。为了预防网络欺凌的发生，依据《未成年人保护法》第七十一条第一款的规定，父母或者其他监护人应当加强对未成年人使用网络行为的引导和监督。一方面引导未成年人在使用网络的过程中不以侮辱、诽谤或者恶意损害形象等方式伤害他人；另一方面引导未成年人保护好自己的隐私，不随意在网络上公开自己的家庭住址、照片、联系方式等个人信息，以免这些信息成为伤害自己的利剑。如果不幸遭遇网络欺凌，未成年人可以向父母、爷爷奶奶或者老师求助。依据本法第七十七条第二款和第七十八条的规定，未成年人的父母或者其他监护人可以向网络平台投诉、举报带有欺凌内容的评论、图片、音视频等，并要求平台采取屏蔽、删除、断开链接等措施。此外，网络服务提供者也应当增强行业自律，加强监测和管理力度，通过技术手段过滤与未成年人网络欺凌相关的危险信息，屏蔽与未成年人网络欺凌有关的侮辱性敏感词汇，营造和谐清朗的网络环境。

在上面的案例中，小白捏造事实，在微信公众号发表侮辱小蓝的言论，导致小蓝精神痛苦，构成了网络欺凌。小蓝可以要求小白立即删除该文章，防止信息进一步扩散。

条文在线

《中华人民共和国未成年人保护法》

第七十一条　第一款　未成年人的父母或者其他监护人应当提高网络素养，规范自身使用网络的行为，加强对未成年人使用网络行为的引导和监督。

第七十七条　任何组织或者个人不得通过网络以文字、图片、音视频等形式，对未成年人实施侮辱、诽谤、威胁或者恶意损害形象等网络欺凌行为。

遭受网络欺凌的未成年人父母或者其他监护人有权通知网络服务提供者采取删除、屏蔽、断开链接等措施。网络服务提供者接到通知后，应当及时采取必要措施制止网络欺凌行为，防止信息扩散。

第七十八条　网络产品和服务提供者应当建立便捷、合理、有效的投诉和举报渠道，公开投诉、举报方式等信息，及时受理并处理涉及未成年人的投诉、举报。

第一百三十条 本法中下列用语的含义：

…………

（三）学生欺凌，是指发生在同学之间，一方蓄意或者恶意通过肢体、语言及网络等手段实施欺压、侮辱，造成另一方人身伤害、财产损失或者精神损害的行为。

从法律上讲，如何定性“未成年人上网保护软件”？

育儿案例

初中生小潘发现周围的同学都有了智能手机，为了不显得“另类”，小潘希望爸爸妈妈也给他买一个智能手机。爸爸认为小潘可以将手机作为学习工具，同意了他的请求；但是妈妈担心小潘会沉迷于刷视频、玩游戏等娱乐活动，浪费本该用于学习、运动和休息的时间，拒绝了他的请求。小潘向妈妈保证，自己会控制好玩手机的时间，不会因为玩手机荒废学业。最终，小潘得到了一台预装“孩子守护”软件的智能手机。那么请问，“孩子守护”属于“未成年人上网保护软件”吗？我们应当如何从法律上定性这类软件呢？

依法解析

未成年人上网保护软件是指在PC端、移动端上管理未成年人上网行为、保障未成年人上网安全、提高未成年人网络素质的应用软件。我国《未成年人保护法》第六十九条第二款明确规定：“智能终端产品的制造者、销售者应当在产品上安装未成年人网络保护软件，或者以显著方式告知用户未成年人网络保护软件的安装渠道和方法。”因此，无论是手机、电脑等智能产品的生产商、销售商或者是未成年人父母、其他监护人在给未成年人使用的智能产品上安装未成年人上网保护软件都是符合法律规定的。

另外，依据《未成年人网络保护条例（征求意见稿）》第十九条第一款的规定，未成年人保护软件应当具有有效识别违法信息和可能影响未成年人个人信息权益、预防未成年人沉迷网络、便于监护人履行监护职责等功能。据此可知，未成年人上网保护软件不同于传统的防沉迷软件。防沉迷软件的主要功能是防止用户长时间使用手机，记录完成某项特定任务所花的时间，培养用户自律的习惯等。未成年人上网保护软件的功能包括但不限于防沉迷，未成年人保护软件还可以识别并且过滤不利于孩子身心健康的信息，向父母或者其他监护人发送孩子的位置信息，防止孩子走失，保护孩子安全，便于监护人履行监护职责。

在上面的案例中，“孩子守护”属于未成年人上网保护软件。“孩子守护”的功能包括防沉迷、查看小孩定位、识别违法信息、通知接收等功能，便于家长或者其他监护人了解孩子使用手机应用的类别、时长，方便监护人随时监督孩子的网络行为。

条文在线

《中华人民共和国未成年人保护法》

第六十九条　第二款　智能终端产品的制造者、销售者应当在产品上安装未成年人网络保护软件，或者以显著方式告知用户未成年人网络保护软件的安装渠道和方法。

第七十一条　第二款　未成年人的父母或者其他监护人应当通过在智能终端产品上安装未成年人网络保护软件、选择适合未成年人的服务模式和管理功能等方式，避免未成年人接触危害或者可能影响其身心健康的网络信息，合理安排未成年人使用网络的时间，有效预防未成年人沉迷网络。

《未成年人网络保护条例（征求意见稿）》

第十九条　第一款　未成年人上网保护软件、专门供未成年人使用的智能终端产品应当具有有效识别违法信息和可能影响未成年人个人信息权益、预防未成年人沉迷网络、便于监护人履行监护职责等功能。

学校不允许学生带智能手机上课，有法可依吗？

育儿案例

小帆今年在升学考试中取得了优异的成绩，爸爸奖励了他一部智能手机。开学后，小帆带着手机来到了某寄宿制高中。根据学校的规定，班主任强调，上课期间禁止携带手机，携带手机的同学应当将手机交由班主任统一保管，周末及法定节假日再归还给大家。小帆认为，班主任无权代管自己的手机，于是偷偷上交了模型机。请问，寄宿制中学不允许学生带智能手机，有法可依吗？

依法解析

寄宿制中学不允许学生带智能手机，是合法的。依据我国《未成年人保护法》第七十条的规定，未经学校允许，未成年人不得将手机等智能终端产品带入课堂，带入学校的应当统一管理。如果放任学生将智能手机等带入课堂，可能会产生以下不良后果。第一，未成年人由于心智不成熟、抗干扰能力相对较弱、容易对智能手机产生依赖，沉迷手机；第二，未成年学生一旦对手机产生依赖，便会占用学习和休息的时间，影响学习成绩；第三，虽然未成年人利用智能手机上网可以开阔视野，但未成年人缺乏信息辨别能力，加之网络上的内容良莠不齐，未成年人容易被其中的违法、犯罪等不良信息所诱导，进而可能会走上违法犯罪的道路。因此，未成年学生应当配合学校老师的管理，上课期间不携带手机，或者将携带的手机按照学校老师的要求交由他人统一保管。

在上面的案例中，班主任要求同学们在上课时间禁止携带手机或者上交手机，由班主任统一保管的做法，并无不当。

条文在线

《中华人民共和国未成年人保护法》

第七十条 学校应当合理使用网络开展教学活动。未经学校允许，未成年学生不得将手机等智能终端产品带入课堂，带入学校的应当统一管理。

学校发现未成年学生沉迷网络的，应当及时告知其父母或者其他监护人，共同对未成年学生进行教育和引导，帮助其恢复正常的学习生活。

网络平台建议使用青少年模式，有法可依吗？

育儿案例

悦悦上网课累了就用妈妈的手机看动画片，每次狂刷好几集之后，就发现手机会弹出“青少年模式”的提示。她出于好奇点击了“青少年模式”，然后设置了密码，并按照平台的指示，填写了监护人信息。填写完之后，悦悦发现，平台的可访问范围变小了，很多功能都被限制。于是，再次输入密码，关闭了青少年模式，继续看动画片。请问，网络平台建议使用青少年模式，有法可依吗？

依法解析

《网络信息内容生态治理规定》第十三条明确规定，鼓励网络信息内容服务平台开发适合未成年人使用的模式，提供适合未成年人使用的网络产品和服务，便利未成年人获取有益身心健康的信息。也就是说，国家对于网络信息内容服务平台开发未成年模式持肯定和支持的态度，而非强制的态度。青少年模式从推送内容、使用时间、消费限制等多个方面对未成年人进行保护。以微信为例，微信会提醒监护人主动设置青少年模式，开启青少年模式后，部分功能将受到不同程度的限制。游戏、视频号、直播等功能完全受限，公众号、小程序等功能部分受限，而且微信支付还可以设置每日消费限额、单次消费限额。这些限制过滤和屏蔽了不利于未成年人身心健康的内容，增加了积极向上有利于未成年人身心健康的内容；也提醒了未成年人不要长时间沉迷手机（一般单次使用四十分钟左右平台会提示），保障了未成年人的学习和休息时间；还防止了未成年人大额打赏，以免造成经济损失。由此可见，青少年模式对未成年人的健康成长是非常有利的，但是国家并没有强制要求网络信息服务平台必须进行这一限制，而是由平台进行提示，将最终的决定权交由未成年人的监护人行使，以便于家长根据自身实际情况进行设定。

在上面的案例中，平台开发青少年模式是合法的。要让青少年模式真正发挥作用，不仅需要平台的努力，还需要监护人的配合及未成年人的自觉。为了引导悦悦养成良好的上网习惯及保护她的视力，悦悦的妈妈在将手机交给她使用时，应当主动设置青少年模式，并且保存好密码。

条文在线

《网络信息内容生态治理规定》

第十三条　鼓励网络信息内容服务平台开发适合未成年人使用的模式，提供适合未成年人使用的网络产品和服务，便利未成年人获取有益身心健康的信息。

游戏软件未对用户进行身份认证，合法吗？

育儿案例

东东是一名小学五年级的学生，一直沉迷于电子游戏。东东的父母经常控制他打游戏的时间，删除了电脑上很多游戏软件。一天，东东趁父母不在家，自己在平板电脑上下载了一款游戏软件。由于该游戏软件无需身份认证，他下载后马上就可以玩。之后，东东经常趁父母不在家的时候偷偷打游戏。后来，还是被父母发现了。东东的父母认为，该游戏软件没有对用户进行身份认证就允许进入游戏的行为是违法的，便准备举报该游戏软件的开发商。那么请问，游戏软件未对用户进行身份认证的行为是否合法？

依法解析

游戏软件在下载后，必须对用户的身份进行认证才可以进入平台使用。对此，我国《未成年人保护法》第七十五条明确规定，国家建立统一的未成年人网络游戏电子身份认证系统，网络游戏服务提供者应当要求未成年人以真实身份信息注册并登录网络游戏。此外，游戏软件开发商还应当按照国家有关规定和标准，对游戏产品进行分类，作出适龄提示，并采取技术措施，不得让未成年人接触不适宜的游戏或者游戏功能。据此可知，法律为保障未成年人的身心健康，避免未成年人沉迷于网络游戏中，要求网络游戏服务者必须在软件中对用户进行实名认证，未经认证，不得允许用户进入游戏。

在上面的案中，某游戏开发商未按照规定设置对用户身份进行认证的程序，违反了法律的禁止性规定。作为未成年人的父母，在发现网络游戏服务者违反法律规定，有侵害未成年人合法权益或给未成年人造成不良影响的行为时，有权向有关部门反映，只有家庭和社会共同努力，才能为青少年创造健康、绿色的网络环境。

条文在线

《中华人民共和国未成年人保护法》

第七十五条 网络游戏经依法审批后方可运营。

国家建立统一的未成年人网络游戏电子身份认证系统。网络游戏服务提供者应当要求未成年人以真实身份信息注册并登录网络游戏。

网络游戏服务提供者应当按照国家有关规定和标准，对游戏产品进行分类，作出适龄提示，并采取技术措施，不得让未成年人接触不适宜的游戏或者游戏功能。

网络游戏服务提供者不得在每日二十二时至次日八时向未成年人提供网络游戏服务。

未成年人花高价偷偷购买游戏账号，家长可以要求游戏网店退款吗？

育儿案例

小沈今年 14 岁，是一名初中二年级的学生，一直都非常热衷玩电子游戏。暑假的一天，小沈在与同学聊天时，听说自己非常喜欢的那款游戏最近新出了很多装备，他准备花钱购买这些装备。由于零花钱不够，他便用爸爸的银行卡私自在某平台购买了多个游戏账号，先后共支付人民币近 5 万元。后来，小沈的父母得知后直接联系网络店铺，称小沈购买装备的行为其并不知情，要求店铺退款。然而，小沈的父母却被告知，游戏装备一经出售便无法退款。那么请问，未成年人花高价偷偷购买游戏账号，家长有权要求游戏网店退款吗？

依法解析

未成年人私自购买游戏账号，家长可以要求游戏网店退款。在法律上，购买游戏账号属于民事法律行为，而依据我国《民法典》第十九条的规定，8 周岁以上的未成年人为限制民事行为能力人，实施民事法律行为需要由其法定代理人代理或者经其法定代理人同意、追认。当然，如果是纯获利益的民事法律行为或者与其年龄、智力相适应的民事法律行为，则即使是未成年人也可以独立实施。也就是说，对于 8 周岁以上的未成年人，只能实施与其年龄、智力相适应的法律行为。如果是超出其年龄、智力范围外的行为，需要法定代理人的同意或者追认，否则该行为是无效的，并不发生法律意义上的效力。

在上面的案例中，东东只有 14 周岁，很明显属于限制民事行为能力人，而其花高价购买游戏装备的行为与其年龄、智力不相适应，东东并不知悉花近 5 万元购买游戏装备所产生的后果和影响。由于东东的父母已经明确表示对他的购买行为不进行追认，因此，东东私自花钱购买游戏账号的行为是无效的，游戏网络平台应当将费用退还给其父母。

条文在线

《中华人民共和国民法典》

第十九条 八周岁以上的未成年人为限制民事行为能力人，实施民事法律行为由其法定代理人代理或者经其法定代理人同意、追认；但是，可以独立实施纯获利益的民事法律行为或者与其年龄、智力相适应的民事法律行为。

年满多少岁后才能注册网络直播账号？

育儿案例

小美长得就像她的名字一样，非常漂亮，但却不喜欢学习。升入初中后，小美所有的心思都放在了打扮上，对学习更加不上心。她听说在网络平台上做直播可以赚很多钱，于是便向父母提出自己也要在某网络直播平台上注册账号，直播赚钱。小美的父母听说后，非常担心，告诉小美她现在才 14 周岁，是不能在网络直播平台注册账号的，而小美认为父母是故意骗自己才这么说的。那么请问，年满多少岁后，才能注册网络直播账号？

依法解析

我国《未成年人保护法》第七十六条明确规定，网络直播服务提供者不能为未满 16 周岁的未成年人提供网络直播发布者账号注册服务；即使未成年人年满 16 周岁，提供网络直播发布者账号注册服务时也应当对其身份信息进行认证，并征得其父母或者其他监护人同意。也就是说，未成年人只有年满 16 周岁才能在网络直播平台注册账号，并且还需要经过父母或者监护人的同意。否则，网课直播平台不能为未成年人提供注册账号的服务。

在上面的案例中，小美才14周岁，尚未达到允许其注册直播账号的法定年龄，其父母的说法是正确的。作为家长，应对未成年人进行积极的引导、教育，帮助其树立正确的价值观，避免未成年人沉迷于网络。

条文在线

《中华人民共和国未成年人保护法》

第七十六条 网络直播服务提供者不得为未满十六周岁的未成年人提供网络直播发布者账号注册服务；为年满十六周岁的未成年人提供网络直播发布者账号注册服务时，应当对其身份信息进行认证，并征得其父母或者其他监护人同意。

教育网络平台在上课时推送广告，合法吗？

育儿案例

星星上网课时，妈妈发现他所使用的网络直播软件经常会推送一些与学习无关的广告，上课时间越长，广告推送的频次越高。为此，她给该网络直播平台的服务商打电话，希望他们不要在学生上课时推送广告。但是，该平台却说这是他们的权利。请问，平台能在学生上课时推送广告吗？

依法解析

为保护未成年人的合法权益，避免未成年人受到网络营销和广告等不良影响，我国《未成年人保护法》第七十四条明确规定，网络产品和服务者不能向未成年人提供诱导其沉迷的产品和服务。此外，以未成年人为服务对象的在线教育网络产品和服务，不得插入网络游戏链接，也不得推送广告等与教学无关的信息。由此可知，为未成年人提供服务的相关教育网络产品，不能插入任何与教学无关的广告或者其他信息。

在本案中，在当前信息科技发达的时代，网络成了信息传播的最广泛途径，未成年人受限于心智不成熟，需要家长时刻关注其使用网络教育产品的情况，家长一旦发现网络平台有违规行为时，可以及时向有关部门进行举报。

条文在线

《中华人民共和国未成年人保护法》

第七十四条 网络产品和服务提供者不得向未成年人提供诱导其沉迷的产品和服务。

网络游戏、网络直播、网络音视频、网络社交等网络服务提供者应当针对未成年人使用其服务设置相应的时间管理、权限管理、消费管理等功能。

以未成年人为服务对象的在线教育网络产品和服务，不得插入网络游戏链接，不得推送广告等与教学无关的信息。

第五章

国家保护与司法保护

本章主要围绕《未成年人保护法》《刑事诉讼法》中政府对青少年的保护和司法方面对青少年的保护来介绍相关法律知识，旨在帮助家长了解孩子在涉及司法活动方面的权益以及相关机关的做法是否正确等问题。

第一节　国家保护法律知识

处于困境下的未成年人能获得政府帮扶吗?

育儿案例

小春8岁的时候父亲因犯罪进了监狱,母亲也抛下他离家出走了,小春跟随年迈的爷爷生活在农村。小春和爷爷两个人住在破旧的房子里,爷爷年纪大了,只能靠种地挣一点微薄的收入,勉强维持温饱。最近,爷爷因为患病卧床在家,12岁的小春承担起了家里的一切劳动。早上要早起给爷爷做饭、喂饭,中午放学还要赶两公里的路程,回家照顾爷爷。农忙的时候,他还得请假下地干农活。随着爷爷病情的加重,身边不能离开人了,小春只能辍学在家照顾爷爷。那么,对于像小春这样处于困境下的未成年人,能得到政府帮扶吗?

依法解析

目前,我国留守儿童和处于困境的未成年人的数量不少,已然成了一个社会问题。政府应当对他们承担起保护责任,建立困境未成年人社会保障体系,让这些孩子能更好地成长。一方面,政府要投入人力、物力、财力,为留守未成年人和困境未成年人创造必要的物质条件,满足其生活、医疗、住房等方面的基本需要;另一方面,政府应当采取措施,保障留守未成年人和困境未成年人接受义务教育的权利。

在上面的案例中,小春所在区县的民政部门可以与村委会联合,为类似的留守未成年人和困境未成年人建立档案,并实施分类保障。政府应当充分了解在档孩子的状况:是否辍学、是否受到伤害以及需要何种帮助,并结合实际情况,有针对性地提供帮扶,提升留守未成年人和困境未成年人保障服务水平。

条文在线

《中华人民共和国未成年人保护法》

第八十三条 各级人民政府应当保障未成年人受教育的权利，并采取措施保障留守未成年人、困境未成年人、残疾未成年人接受义务教育。

对尚未完成义务教育的辍学未成年学生，教育行政部门应当责令父母或者其他监护人将其送入学校接受义务教育。

第九十一条 各级人民政府及其有关部门对困境未成年人实施分类保障，采取措施满足其生活、教育、安全、医疗康复、住房等方面的基本需要。

在哪些情况下，民政部门可以担任未成年人的临时监护人？

育儿案例

在小红5岁的时候，父母因感情不和离婚，小红跟随父亲一同生活。在小红10岁时，父亲又因病去世了。小红所在的市民政部门将她无人照料、生活无依的情况告知了她的母亲。但是母亲在离婚后就从未看望过小红，也没有支付过抚养费，对小红没有感情，并且已重组家庭，又生育了两个孩子，表示不愿意抚养小红。市民政部门了解情况后，主动担任了小红的临时监护人。那么，在哪些情况下，民政部门可以担任未成年人的临时监护人？

依法解析

父母是未成年人的监护人，有保护未成年子女的身心健康，照顾未成年人学习和生活的义务。如果暂时查找不到未成年人的监护人，或者监护人怠于或无法履行监护职责，抑或是监护人具有伤害未成年人、利用未成年人实施犯罪活动的不法行为，导致未成年人处于危困状态的，各级政府的民政部门应当未成年人保护法》对未成年人进行临时监护。

在上面的案例中，小红的母亲是小红的监护人，但其怠于履行监护职责。在这种情况下，民政部门可以依照《未成年人保护法》的规定，担任小红的临时监护人，并可以对她采取委托亲属抚养、家庭寄养等方式进行安置，也可以将她送往救助保护机构或儿童福利机构抚养。

条文在线

《中华人民共和国未成年人保护法》

第九十二条 具有下列情形之一的，民政部门应当依法对未成年人进行临时监护：

（一）未成年人流浪乞讨或者身份不明，暂时查找不到父母或者其他监护人；

（二）监护人下落不明且无其他人可以担任监护人；

（三）监护人因自身客观原因或者因发生自然灾害、事故灾难、公共卫生事件等突发事件不能履行监护职责，导致未成年人监护缺失；

（四）监护人拒绝或者怠于履行监护职责，导致未成年人处于无人照料的状态；

（五）监护人教唆、利用未成年人实施违法犯罪行为，未成年人需要被带离安置；

（六）未成年人遭受监护人严重伤害或者面临人身安全威胁，需要被紧急安置；

（七）法律规定的其他情形。

第九十三条 对临时监护的未成年人，民政部门可以采取委托亲属抚养、家庭寄养等方式进行安置，也可以交由未成年人救助保护机构或者儿童福利机构进行收留、抚养。

临时监护期间，经民政部门评估，监护人重新具备履行监护职责条件的，民政部门可以将未成年人送回监护人抚养。

在哪些情况下，民政部门可以担任未成年人的长期监护人？

育儿案例

小鑫在7岁的时候，妈妈因病去世了，爸爸一个人一边打工，一边照顾小鑫。小鑫10岁那年，爸爸在工地上，不小心从10米高的工作台上摔下来，造成了伤残，颈部以下瘫痪，完全丧失了劳动能力。小鑫的爷爷、奶奶、外公在多年前就已经去世，外婆年事已高、身患疾病，固定收入只有每个月500元的低保，没有能力抚养他。小鑫也没有其他有监护资格及能力的人作为他的监护人，生活陷入了困境。外婆为了小鑫能够健康成长，向所在的区民政局申请了转移监护权，希望民政局能够担任小鑫的长期监护人。那么，在哪种情况下，民政部门可以担任未成年人的长期监护人？

依法解析

关于未成年人公职监护人的问题，我国《民法典》第三十二条作出明确规定，在未成年人没有符合条件的监护人的情况下，应当首先由民政部门担任未成年人的公职监护人，同时也可以由未成年人住所地的居民委员会或村民委员会担任。同时，《未成年人保护法》第九十四条中也对民政部门应当担任未成年人的长期监护人的情形作出了明确规定。上述两部法律，完善了公职监护人制度，明确规定在没有依法具有监护资格的人时，可以由民政部门承担未成年人的监护人，确保未成年人不会陷入无人监护状态，以保护未成年人的合法权益。

在上面的案例中，小鑫的爸爸作为其监护人，因为伤残失去监护能力，外婆因年事已高并且身患重病也不具备监护能力，小鑫亦没有其他具有监护资格的人。在这种情况下，小鑫外婆申请将小鑫的监护人变更为区民政局，符合《民法典》和《未成年人保护法》中关于公职监护人的规定。区民政局在成为小鑫的监护人后，可以依法将小鑫交由符合条件的申请人收养。收养关系成立后，区民政局和小鑫的监护关系终止。

条文在线

《中华人民共和国民法典》

第三十二条 没有依法具有监护资格的人的，监护人由民政部门担任，也可以由具备履行监护职责条件的被监护人住所地的居民委员会、村民委员会担任。

《中华人民共和国未成年人保护法》

第九十四条 具有下列情形之一的，民政部门应当依法对未成年人进行长期监护：

（一）查找不到未成年人的父母或者其他监护人；

（二）监护人死亡或者被宣告死亡且无其他人可以担任监护人；

（三）监护人丧失监护能力且无其他人可以担任监护人；

（四）人民法院判决撤销监护人资格并指定由民政部门担任监护人；

（五）法律规定的其他情形。

第九十五条 民政部门进行收养评估后，可以依法将其长期监护的未成年人交由符合条件的申请人收养。收养关系成立后，民政部门与未成年人的监护关系终止。

未成年人遭受性侵后，可以寻求哪些法律保护？

育儿案例

小晶遗传了妈妈的美貌，从小就肤白貌美，常常被夸长得好看。小晶 15 岁时考上了当地的重点高中，但噩梦也从此开始。小晶的班主任张某，在小晶高一时，经常以补习功课的名义将其叫到宿舍实施猥亵、性侵，并且通过威胁、恐吓的方式，要求小晶不许告诉他人。小晶因为害怕，不敢揭露张某的恶行，只能自己默默忍受。四年后，小晶在一次高中同学聚会中得知，当年班级里还有 3 名女同学遭过

张某的猥亵和性侵。于是，她和其他几名受害的女生决定向公安机关报案，并向人民法院提起诉讼，要求张某承担法律责任。那么，未成年人遭受性侵后，应当如何寻求法律保护？

依法解析

未成年人遭受性侵害，是一个非常沉重但又不能回避的话题。未成年人往往会因为害怕和羞愧，不敢或不好意思揭发加害人的罪行。这样不仅不能维护自身权益，而且还会纵容或促使犯罪分子连续作案。未成年人在受到侵害后，应当及时告知家长。家长应当及时带未成年人就医并按医嘱服用避孕药物，疏导未成年人情绪，减少未成年人心理负担和羞耻感。司法部门和社会团体应当对受侵害的未成年人提供必要的心理干预、经济帮助和法律援助，帮助受害人协助公安机关收集证据，以便将犯罪分子捉拿归案。另外，受害人身体和心理受到损害的，还可以向人民法院提起诉讼，请求加害人承担民事损害赔偿责任。

以上的案例中，小晶在受到侵害的四年后，仍然可以向公安机关报警，追究张某的刑事责任，并且还可以要求张某承担民事损害赔偿责任。因为，虽然我国《民法典》规定的一般民事权利的诉讼时效为三年，从知道或应当知道权益受损之日起算，但是为了更好地保障未成年人的合法权益，《民法典》规定遭受性侵害的未成年人可以在年满18周岁之日的三年内，向加害者请求损害赔偿。因此，小晶和其他受害女生向法院提起的请求损害赔偿的诉讼并没有超过诉讼时效，法院应当支持她们的请求。

条文在线

《中华人民共和国民法典》

第一百九十一条 未成年人遭受性侵害的损害赔偿请求权的诉讼时效期间，自受害人年满十八周岁之日起计算。

《中华人民共和国未成年人保护法》

第四十条 学校、幼儿园应当建立预防性侵害、性骚扰未成年人工作制度。对性侵害、性骚扰未成年人等违法犯罪行为，学校、幼儿园不得隐瞒，应当及时向公安机关、教育行政部门报告，并配合相关部门依法处理。

学校、幼儿园应当对未成年人开展适合其年龄的性教育，提高未成年人防范性侵害、性骚扰的自我保护意识和能力。对遭受性侵害、性骚扰的未成年人，学校、幼儿园应当及时采取相关的保护措施。

第一百一十一条 公安机关、人民检察院、人民法院应当与其他有关政府部门、人民团体、社会组织互相配合，对遭受性侵害或者暴力伤害的未成年被害人及其家庭实施必要的心理干预、经济救助、法律援助、转学安置等保护措施。

第二节 司法保护法律常识

少年法庭是怎么回事？

育儿案例

16岁的小胡正处于叛逆期。一次，他因为父母给的零花钱太少又一次与父母发生争吵，后离家出走。因没有生活来源，小胡便开始与其他几个小青年一起实施抢劫，最终小胡被警方逮捕归案。但由于他是未成年人，警方将其移交至少年法庭进行开庭审判。什么是少年法庭呢?

依法解析

少年法庭是专门处理少年犯或儿童犯的法庭，一般法院里都会内设少年法庭。我国《未成年人保护法》第一百条明确规定，公安机关、人民检察院、人民法院和司法行政部门应当依法履行职责，保障未成年人合法权益。而少年法庭的设立就是保护未成年人合法权益的一种具体措施。同时，依据《最高人民法院关于加强新时代未成年人审判工作的意见》第六条的规定，被告人实施被指控的犯罪时不满18周岁且人民法院立案时不满20周岁的刑事案件，应当由少年法庭审理。此外，未成年人与成年人共同犯罪的案件，一般应当分案审理，未成年犯交由少年法庭专门审理。该意见具体规定了由少年法庭审理的民事案件、行政案件的犯罪。之所以设立少年法庭，就是为了保障违法犯罪未成年人的健康成长，切实做好未成年人保护和犯罪预防工作，不断提高人民法院未成年人审判工作能力水平，促进完善中国特色社会主义少年司法制度。

而在本案中，小胡实施被指控的抢劫罪时尚不满18周岁，因此，为保障未成年人合法权益，需要将其移交至少年法庭来进行审判。

条文在线

《中华人民共和国未成年人保护法》

第一百条 公安机关、人民检察院、人民法院和司法行政部门应当依法履行职责，保障未成年人合法权益。

《最高人民法院关于加强新时代未成年人审判工作的意见》

…………

6. 被告人实施被指控的犯罪时不满十八周岁且人民法院立案时不满二十周岁的刑事案件，应当由少年法庭审理。

7. 下列刑事案件可以由少年法庭审理：

（1）人民法院立案时不满二十二周岁的在校学生犯罪案件；

（2）强奸、猥亵等性侵未成年人犯罪案件；

（3）杀害、伤害、绑架、拐卖、虐待、遗弃等严重侵犯未成年人人身权利的犯罪案件；

（4）上述刑事案件罪犯的减刑、假释、暂予监外执行、撤销缓刑等刑罚执行变更类案件；

（5）涉及未成年人，由少年法庭审理更为适宜的其他刑事案件。

未成年人与成年人共同犯罪案件，一般应当分案审理。

8. 下列民事案件由少年法庭审理：

（1）涉及未成年人抚养、监护、探望等事宜的婚姻家庭纠纷案件，以及适宜由少年法庭审理的离婚案件；

（2）一方或双方当事人为未成年人的人格权纠纷案件；

（3）侵权人为未成年人的侵权责任纠纷案件，以及被侵权人为未成年人，由少年法庭审理更为适宜的侵权责任纠纷案件；

（4）涉及未成年人的人身安全保护令案件；

（5）涉及未成年人权益保护的其他民事案件。

9. 当事人为未成年人的行政诉讼案件，有条件的法院，由少年法庭审理。

…………

讯问未成年犯罪嫌疑人时，家长应当陪同吗？

育儿案例

小叶（15岁）因为父母忙于工作，疏于管教，性格顽劣，常与一些不良青年待在一起，沾染了许多不良恶习。一次，小叶与他的朋友去外面吃饭时，朋友醉酒后在饭馆大吵大闹，与其他客人发生了口角。小叶等人群殴邻桌三人并致一人重伤、两人轻伤。警察了解到小叶仍属于未成年人，便通知小叶的父母，要求家长到场陪同。那么，公安机关在讯问时，小叶的父母是否应当陪同？

依法解析

依据我国《刑事诉讼法》第二百八十一条第一款的规定，对于未成年人刑事案件，在讯问和审判时，应当通知未成年犯罪嫌疑人、被告人的法定代理人到场。如果无法通知、法定代理人不能到场或者法定代理人是共犯的，也可以通知未成年犯罪嫌疑人、被告人的其他成年亲属，所在学校、单位、居住地基层组织或者未成年人保护组织的代表到场，并将有关情况记录在案。

到场的法定代理人可以代为行使未成年犯罪嫌疑人、被告人的诉讼权利。由于未成年人的身心发育尚不健全，在违法犯罪后又会产生担惊受怕、恐慌等心理，让未成年人的父母或者其他人员到场，既可以保护未成年人的合法权益，也可以与司法机关共同批评教育、引导未成年人，便于案件的处理。因此，司法机关在讯问未成年人时，必须通知未成年人的父母到场。

小叶只有 15 岁，仍属于我国《未成年人保护法》等各项法律的保护范畴，所以公安机关在进行讯问时，父母作为其法定代理人，应当在小叶被讯问时陪同。

条文在线

《中华人民共和国未成年人保护法》

第一百一十条　第一款　公安机关、人民检察院、人民法院讯问未成年犯罪嫌疑人、被告人，询问未成年被害人、证人，应当依法通知其法定代理人或者其成年亲属、所在学校的代表等合适成年人到场，并采取适当方式，在适当场所进行，保障未成年人的名誉权、隐私权和其他合法权益。

《中华人民共和国刑事诉讼法》

第二百八十一条　第一款　对于未成年人刑事案件，在讯问和审判的时候，应当通知未成年犯罪嫌疑人、被告人的法定代理人到场。无法通知、法定代理人不能到场或者法定代理人是共犯的，也可以通知未成年犯罪嫌疑人、被告人的其他成年亲属，所在学校、单位、居住地基层组织或者未成年人保护组织的代表到场，并将有关情况记录在案。到场的法定代理人可以代为行使未成年犯罪嫌疑人、被告人的诉讼权利。

未成年人犯罪会被从轻发落吗？

育儿案例

小王（15 岁）是某学校初中生，经常在学校里带着他的一群“小弟”寻衅滋事，并对同学进行勒索，索要各种财物作为“保护费”。小王从同学处得知新生小林家境十分富裕，便和几个同学打算从小林处得到些好处。遭到小林的拒绝后，小王等人恼羞成怒殴打小林，后见自己的行为被行人指责报警，迅速逃走。由于小王等人出手过重，导致小林被打成重伤，公安机关因小王等人构成故意伤害罪而立案侦查。那么，小王等人最终会被从轻发落吗？

依法解析

依据《刑法》第十七条第二款规定，已满 14 周岁不满 16 周岁的人，犯故意杀人、故意伤害致人重伤或者死亡、强奸、抢劫、贩卖毒品、放火、爆炸、投毒罪的，应当负刑事责任。而该条第四款同时规定，对依照前三款规定追究刑事责任的不满 18 周岁的人，应当从轻或减轻处罚。

由此可知，我国一贯重视未成年人的健康成长，对未成年人犯罪坚持教育为主、惩罚为辅的原则，对未成年犯罪嫌疑人、被告人从轻、减轻处罚。法律这样规定，有利于挽救违法犯罪的未成年人，给予未成年人改过自新的机会。当然，从轻、减轻处罚的判决并不能从根本上解决问题，更重要的是家庭教育和社会教育共同进行，避免未成年人走弯路，误入歧途。

在本案中，小王等实施侵害他人生命健康的违法行为时，已经年满 14 周岁，并且是故意伤害他人，造成致人重伤的法律后果，应当对其犯罪行为负刑事责任，由于仍属于未成年人，按照我国未成年人特殊保护的刑事政策，法律会对其从轻或者减轻处罚，使其认罪悔罪，重新做人。

条文在线

《中华人民共和国刑法》

第十七条 已满十六周岁的人犯罪，应当负刑事责任。

已满十四周岁不满十六周岁的人，犯故意杀人、故意伤害致人重伤或者死亡、强奸、抢劫、贩卖毒品、放火、爆炸、投放危险物质罪的、应当负刑事责任。

已满十二周岁不满十四周岁的人，犯故意杀人、故意伤害罪，致人死亡或者以特别残忍手段致人重伤造成严重残疾，情节恶劣，经最高人民检察院核准追溯的，应当负刑事责任。

对依照前三款规定追究刑事责任的不满十八周岁的人，应当从轻或者减轻处罚。

因不满十六周岁不予刑事处罚的，责令其父母或者其他监护人加以管教；在必要的时候，依法进行专门矫治教育。

被猥亵的未成年人应当出庭作证吗？

育儿案例

小赵今年 14 岁，是一名初二学生，性格内向，不善言辞。不幸的是，平时沉默寡言的她竟然成了自己老师王某猥亵的目标。被王某猥亵后，又被其各种威胁，小赵担惊受怕却不敢告诉父母。后来，小赵的父母发现了她的异常，便询问发生了什么事情。在父母的耐心劝导下，小赵告诉了父母实情，父母选择报警。之后，公安机关开始对王某进行立案侦查。法院开庭审理此案时，小赵的父母担心法院会要求小赵出庭作证。请问，未成年的证人、被害人应当出庭作证吗？

依法解析

通常情况下，未成年被害人、证人不需要出庭作证。我国《最高人民法院关于适用〈中华人民共和国刑事诉讼法〉的解释》第五百五十八条规定，开庭审理涉及未成年人的刑事案件，未成年被害人、证人一般不出庭作证；必须出庭的，必须采取保护其隐私的技术手段和心理干预等保护措施。《未成年人保护法》对此也做出了相同的规定。面对未成年人犯罪，我国采取了不少司法保护措施，但我们更应关注未成年人的心理教育和疏导，向他们传输正向、积极、向上的人生观、价值观和世界观。

在上面的案例中，小赵作为被害人，其未满18周岁，故一般情况下，法院是不会要求小赵出庭作证的。即使法院为审理案件，需要小赵出庭作证的，也必须采取保护措施。

条文在线

《中华人民共和国未成年人保护法》

第一百一十条　第二款　人民法院开庭审理涉及未成年人案件，未成年被害人、证人一般不出庭作证；必须出庭的，应当采取保护其隐私的技术手段和心理干预等保护措施。

《最高人民法院关于适用〈中华人民共和国刑事诉讼法〉的解释》

第五百五十八条　开庭审理涉及未成年人的刑事案件，未成年被害人、证人一般不出庭作证；必须出庭的，应当采取保护其隐私的技术手段和心理干预等保护措施。

对未成年犯罪嫌疑人实施逮捕，有什么“限制”？

育儿案例

小鸣从小非常顽皮，在小学时就经常和同学打架。进入初中后，他更是经常逃课，多次要求退学。小鸣的父母坚决不同意，并且告诉小鸣，一旦他辍学就不会给他提供生活费。小鸣无奈只能继续上学，但是平日里经常瞒着父母逃学到网吧打游戏。一天，因为没有钱再到网吧上网，小鸣便和几个人商量对一位60多岁的老太太实施了抢劫。但是小鸣等几人都属于未成年人，那么请问，公安机关在进行逮捕时是否有限制？

依法解析

关于对未成年人实施逮捕时的限制，我国《刑事诉讼法》第二百八十条及其司法解释第五百五十三条作出了明确规定：（一）人民检察院和人民法院对未成年犯罪嫌疑人、被告人应当严格限制适用逮捕措施；（二）在决定逮捕前，必须对未成年犯罪嫌疑人、被告人进行讯问，并听取辩护律师的意见；（三）对被拘留、逮捕和执行刑罚的未成年人与成年人应当分别关押、分别管理、分别教育；（四）如果未成年被告人已被逮捕但没有完成义务教育的，人民法院应当与教育行政部门互相配合，保证其接受义务教育。

小鸣等人属于未成年人，故公安机关在进行逮捕时必须遵守法律的相关规定。在决定对小鸣等人进行逮捕前，应首先对其进行讯问，并且需要听取其辩护律师的意见。即使检察院批准逮捕，也要在逮捕后与成年人进行分别关押。法律这样规定，是为保障未成年人的健康成长，也是对未成年人犯罪实施教育感化为主、惩罚为辅方针的体现。

条文在线

《中华人民共和国刑事诉讼法》

第二百八十条 对未成年犯罪嫌疑人、被告人应当严格限制适用逮捕措施。人民检察院审查批准逮捕和人民法院决定逮捕，应当讯问未成年犯罪嫌疑人、被告人，听取辩护律师的意见。

对被拘留、逮捕和执行刑罚的未成年人与成年人应当分别关押、分别管理、分别教育。

《最高人民法院关于适用〈中华人民共和国刑事诉讼法〉的解释》

第五百五十三条 对未成年被告人应当严格限制适用逮捕措施。

人民法院决定逮捕，应当讯问未成年被告人，听取辩护律师的意见。

对被逮捕且没有完成义务教育的未成年被告人，人民法院应当与教育行政部门互相配合，保证其接受义务教育。

凡是未成年人犯罪，都会不起诉吗？

育儿案例

程程父母离异，母亲又在一次飞机事故中失联。17 岁的他因为经历家庭不幸，虽然得到外婆宠溺，但还是一蹶不振，最终因与社会上的“朋友”一起盗窃，被公安机关逮捕并立案侦查，而程程却拒不认罪。公安机关侦破案件后，移交检察院提起公诉。程程的外婆听说，凡是未成年人犯罪都有可能作出附条件不起诉的决定。那么请问，这种说法是否正确？

依法解析

并不是所有的未成年犯罪，都有可能被作出附条件不起诉的决定。关于未成年犯罪附条件不起诉的决定，我国《刑事诉讼法》第二百八十二条第一款明确规定了以下限制条件：（一）主体条件，适用于未成年人犯罪案件；（二）罪名条件，涉嫌刑法规定的侵犯公民人身权利、民主权利罪、侵犯财产罪、妨碍社会管理秩序罪，可能被判处一年有期徒刑以下刑罚；（三）主观条件，符合起诉条件，但有悔罪表现；（四）程序条件，人民检察院在作出附条件不起诉的决定以前，应当听取公安机关、被害人的意见。在满足上述四个条件时，人民检察院可以作出附条件不起诉的决定。

此外，对于未成年犯罪嫌疑人及其法定代理人对人民检察院决定附条件不起诉有异议的，人民检察院应当作出起诉的决定。

在上面的案例中，程程因盗窃罪而被提起公诉，符合前述法律规定的第一个条件，但是其并没有悔罪的表现，故并不属于附条件不起诉的要求。所以，对于程程的犯罪案件，人民检察院可能不会作出附条件不起诉的决定。

条文在线

《中华人民共和国刑事诉讼法》

第二百八十二条　第一款　对于未成年人涉嫌刑法分则第四章、第五章、第六章规定的犯罪，可能判处一年有期徒刑以下刑罚，符合起诉条件，但有悔罪表现的，人民检察院可以作出附条件不起诉的决定。人民检察院在作出附条件不起诉的决定以前，应当听取公安机关、被害人的意见。

未成年人犯罪一律不公开审理吗？

育儿案例

东东从小迷恋电子游戏，经常为了打游戏逃学。为了督促他学习，父母特意让东东读了一所寄宿制私立高中。没想到网瘾成性的东东某晚竟和几个同班同学偷偷翻墙跑出校门，被学校的门卫老王发现后，东东使用随身携带的折叠刀扎伤了老王的眼睛，最终导致老王残疾。公安机关对东东等人以故意伤害罪立案侦查。法院通知东东的父母，将在一个月后公开开庭审理此案。东东的父母认为，未成年人犯罪案件是不应该公开审理的。那么请问，此种说法是否正确？

依法解析

关于未成年人犯罪案件是否公开审理，我国《刑事诉讼法》第二百八十五条明确规定，只有在审判时被告人不满18周岁的案件，法院才会不公开审理。为保护未成年人的身心健康，法律从挽救未成年人的角度出发，规定审判时不满18周岁的被告人不得公开审理该案件。

也就是说，如果未成年犯罪嫌疑人在作案时未满18周岁，而在法院开庭审理时已经年满18周岁，法院是可以公开开庭审理的。即法院是否需要不公开审理，是以未成年犯罪嫌疑人在法院开庭审理时的年龄决定，而非其作案时的年龄。

在上面的案例中，东东在实施犯罪行为时虽然未满18周岁，但是，在进入审判阶段后，东东已满18周岁，此时就不再属于法院必须不公开审理的年龄范围内。故法院公开审理此案的方式是符合法律规定的。

条文在线

《中华人民共和国刑事诉讼法》

第二百八十五条 审判的时候被告人不满十八周岁的案件，不公开审理。但是，经未成年被告人及其法定代理人同意，未成年被告人所在学校和未成年人保护组织可以派代表到场。

未成年人犯罪的记录都会被封存吗？

育儿案例

小何在17周岁时因故意伤害罪被法院判处有期徒刑六年。他出狱后下决心改过自新，重新做人。然而，在找工作的过程中，很多工作单位都拒绝录用他。对此，他非常奇怪，认为自己在犯罪时还是未成年人，犯罪记录应当是被封存的，用人单位应该并不知道自己犯罪的情况才对。那么请问，小何关于未成年人犯罪记录都应当被封存的想法是否正确？

依法解析

小何的想法是错误的。我国《刑事诉讼法》第二百八十六条规定了未成年人犯罪记录被封存的条件，即：（一）犯罪的时候不满十八周岁；（二）被判处五年有期徒刑以下刑罚。也就是说，只有在上述两个条件同时具备时，未成年人的犯罪记录才会被封存。也就是说，并不是所有的未成年人的犯罪记录都会被封存。当然，即使犯罪记录被封存，如果是司法机关出于办案需要或者有关单位根据国家规定进行查询的，相关机关也要为其提供查询服务。但是，依法查询的单位有保密的义务。法律要求封存一定条件下的未成年人的犯罪记录是为保障未成年人以后可以更好地融入社会，保障未成年人的健康成长。

在上面的案例中，小何虽然在犯罪时是未成年人，但是其当时被判处了六年有期徒刑，已经超过了法律规定的较轻刑罚的范畴，属于较重的刑罚，出于维护社会安定性的考量，故不能对其犯罪记录进行封存。

条文在线

《中华人民共和国刑事诉讼法》

第二百八十六条 犯罪的时候不满十八周岁，被判处五年有期徒刑以下刑罚的，应当对相关犯罪记录予以封存。

犯罪记录被封存的，不得向任何单位和个人提供，但司法机关为办案需要或者有关单位根据国家规定进行查询的除外。依法进行查询的单位，应当对被封存的犯罪记录的情况予以保密。

第六章

预防犯罪与挽救失足青少年

本章主要围绕《预防未成年人犯罪法》《刑法》《禁毒法》《社区矫正法》《未成年犯管教所管理规定》等法律法规，使家长们了解如何避免孩子误入歧途、如何保护孩子远离犯罪以及如何挽救失足青少年等方面的法律知识。

第一节 预防未成年人犯罪法律常识

未成年人的不良行为、严重不良行为有哪些？

育儿案例

小豪高中在寄宿制的学校上学，每月回家一次。这周回家，妈妈发现他的衣服上有很重的烟味。小豪支支吾吾说回来的路上身边有人吸烟。小豪妈妈半信半疑，果不其然，她发现小豪在偷偷抽烟，更让她气愤的是，儿子不仅学会了吸烟，还用家里给的零花钱在网上“下注”，通过赌博赚钱来满足消费。那么请问，小豪的这些行为属于不良行为吗？未成年人的不良行为、严重不良行为都有哪些？

依法解析

小豪抽烟、参与赌博的行为属于不良行为。我国《预防未成年人犯罪法》第二十八条明确规定未成年人的以下行为属于不良行为：（一）吸烟、饮酒；（二）多次旷课、逃学；（三）无故夜不归宿、离家出走；（四）沉迷网络；（五）与社会上具有不良习性的人交往，组织或者参加实施不良行为的团伙；（六）进入法律法规规定未成年人不宜进入的场所；（七）参与赌博、变相赌博，或者参加封建迷信、邪教等活动；（八）阅览、观看或者收听宣扬淫秽、色情、暴力、恐怖、极端等内容的读物、音像制品或者网络信息等；（九）其他不利于未成年人身心健康成长的不良行为。对于这些不良行为，家长、学校、老师要“早发现、早干预”，将孩子“挽回”。

而严重不良行为，依据《预防未成年人犯罪法》第三十八条的规定，是指未成年人实施的有刑法规定、因不满法定刑事责任年龄不予刑事处罚的行为，以及严重危害社会的下列行为：（一）结伙斗殴，追逐、拦截他人，强拿硬要或者任意损毁、占用公私财物等寻衅滋事行为；（二）非法携带枪支、弹药或者弩、匕首等国家规定的管制器具；（三）殴打、辱骂、恐吓，或者故意伤害他人身体；（四）盗窃、哄抢、抢夺或者故意损毁公私财物；（五）传播淫秽的读物、音像制品或者信息等；（六）卖淫、嫖娼，或者进行淫秽表演；（七）吸食、注射毒品，或者向他人提供毒品；（八）参与赌博赌资较大；（九）其他严重危害社会的行为。

未成年人的父母或者其他监护人、学校、居民委员会、村民委员会发现有人教唆、胁迫、引诱未成年人实施严重不良行为的，应当立即向公安机关报告。公安机关接到报告或者发现有上述情形的，应当及时依法查处；对人身安全受到威胁的未成年人，应当立即采取有效保护措施。

条文在线

《中华人民共和国预防未成年人犯罪法》

第二十八条 本法所称不良行为，是指未成年人实施的不利于其健康成长的下列行为：

（一）吸烟、饮酒；

（二）多次旷课、逃学；

（三）无故夜不归宿、离家出走；

（四）沉迷网络；

（五）与社会上具有不良习性的人交往，组织或者参加实施不良行为的团伙；

（六）进入法律法规规定未成年人不宜进入的场所；

（七）参与赌博、变相赌博，或者参加封建迷信、邪教等活动；

（八）阅览、观看或者收听宣扬淫秽、色情、暴力、恐怖、极端等内容的读物、音像制品或者网络信息等；

（九）其他不利于未成年人身心健康成长的不良行为。

第二十九条 未成年人的父母或者其他监护人发现未成年人有不良行为的，应当及时制止并加强管教。

第三十八条 本法所称严重不良行为，是指未成年人实施的有刑法规定、因不满法定刑事责任年龄不予刑事处罚的行为，以及严重危害社会的下列行为：

（一）结伙斗殴，追逐、拦截他人，强拿硬要或者任意损毁、占用公私财物等寻衅滋事行为；

（二）非法携带枪支、弹药或者弩、匕首等国家规定的管制器具；

（三）殴打、辱骂、恐吓，或者故意伤害他人身体；

（四）盗窃、哄抢、抢夺或者故意损毁公私财物；

（五）传播淫秽的读物、音像制品或者信息等；

（六）卖淫、嫖娼，或者进行淫秽表演；

（七）吸食、注射毒品，或者向他人提供毒品；

（八）参与赌博赌资较大；

（九）其他严重危害社会的行为。

《中小学教育惩戒规则（试行）》

第七条　第二款　学生实施属于预防未成年人犯罪法规定的不良行为或者严重不良行为的，学校、教师应当予以制止并实施教育惩戒，加强管教；构成违法犯罪的，依法移送公安机关处理。

对于打骂同学的学生，学校有权采取哪些措施？

育儿案例

小叶的父母脾气暴躁，平时一旦他犯了错误或者没有达到父母的期望，就会遭受嘲讽、辱骂、殴打或者冷暴力。因此，升入中学后，曾经活泼可爱、乖巧纯真的小叶逐渐变得情绪化，回避与父母的交流和沟通，在学校也变得乖戾起来。在一次班级集体活动中，小柯不小心踩脏了小叶新买的白球鞋，没等小柯开口道歉，小叶立刻暴跳如雷，大骂小柯没长眼，还当众狠狠给了小柯一拳。幸运的是，小柯受伤并不严重。那么请问，学校可以对小叶采取管教措施吗？

依法解析

依据我国《预防未成年人犯罪法》第三十一条规定，学校对有不良行为且拒不改正的未成年人或者有严重不良行为的未成年人可以根据具体情况予以学生处分或者采取相应的管理教育措施。例如，训导、制止学生跟不良少年来往，要求学生遵守校纪校规、遵守特定的行为规范、参加专题教育讲座、参加校内服务活动，培养学生的爱心、同理心和责任心，或者要求学生接受心理咨询师的心理辅导和行为干预。

本案例中，对于打骂同学的学生，学校是否可以采取管教措施、在哪些情况下可以采取管教措施、能够采取哪些管教措施，我国《预防未成年人犯罪法》对此做了详细规定。根据该法第三十三条的规定，未成年学生有偷窃少量财物，或者有殴打、辱骂、恐吓、强行索要财物等欺凌行为，情节轻微的，可以由学校依照本法第三十一条规定采取相应的管理教育措施。

换言之，对于打骂同学的学生，如果情节轻微，没有造成严重后果的，学校可以根据实际情况对该学生采取相应的教育管理措施。情节是否轻微要结合损害后果以及事发时的具体情况予以分析。例如，受害者的身体和心理受到伤害的程度、施害者的具体施害行为、施害者的施害频率等。若学生存在长期偷窃少量财物的行为或者经常性地对同学进行语言或者肢体上的伤害，持续性地辱骂或者殴打同学，给同学的学习和生活带来困扰，影响到同学的正常学习生活，甚至是影响到了学校的正常教学秩序。对于这类存在严重不良行为的未成年学生，学校当然也有管教的职责，也可以实施教育管理措施。但是，这类存在严重不良行为的未成年学生在学校和家庭都无力管教的情况下，送由专业机构或者专业人士进行教育和疏导，才会取得更加良好的效果。

在上面的案例中，小叶辱骂、殴打小柯是突发性的，而且没有造成严重的后果，学校可以对他采取批评教育等管教措施。具体来说，面对这样的不良行为，一方面，学校、父母及其他监护人应当引导小叶以友爱、和善、团结的心态与同学和朋友们相处，控制好自己的情绪，找到解决问题的合理方式；另一方面，学校可以组织专题教育讲座，由心理老师对小叶进行心理疏导，以加强法治教育，增强心理承受能力。

条文在线

《中华人民共和国预防未成年人犯罪法》

第三十一条 学校对有不良行为的未成年学生，应当加强管理教育，不得歧视；对拒不改正或者情节严重的，学校可以根据情况予以处分或者采取以下管理教育措施：

（一）予以训导；

（二）要求遵守特定的行为规范；

（三）要求参加特定的专题教育；

（四）要求参加校内服务活动；

（五）要求接受社会工作者或者其他专业人员的心理辅导和行为干预；

（六）其他适当的管理教育措施。

第三十三条 未成年学生有偷窃少量财物，或者有殴打、辱骂、恐吓、强行索要财物等学生欺凌行为，情节轻微的，可以由学校依照本法第三十一条规定采取相应的管理教育措施。

家长有义务配合学校对学生采取管教措施吗？

育儿案例

贝贝喜欢看一些血腥的暴力电影和漫画，为了寻求刺激，他开始模仿电影和漫画里的一些行为。一天放学后，贝贝在天桥下恐吓低年级同学菲菲，让她把零花钱交出来，而且不能告诉老师、同学和家长，否则就将她关小黑屋，与老鼠、蟑螂、蛇这些恐怖的生物待在一起。菲菲吓得毛骨悚然，只好乖乖上交零花钱。事情败露后，

学校通知了贝贝的父母并对他采取了管教措施。那么请问，学校对学生采取管教措施的，家长有义务配合吗？

依法解析

贝贝向菲菲勒索钱财的行为已经处在违法的边缘。学校对学生采取管教措施的，家长有义务配合。

依据我国《预防未成年人犯罪法》第三十二条的规定，学校决定对未成年学生采取管理教育措施的，应当及时告知其父母或者其他监护人；未成年学生的父母或者其他监护人应当支持、配合学校进行管理教育。

一些父母或者其他监护人存在这样的认知误区，即将孩子送到学校，就应该由学校和老师代替自己对孩子进行管理和教育，自己则完全放松了对孩子的管教。这种想法或者做法对未成年人的身心健康是极为不利的，也难以实现有效教育管理。未成年人的教育和管理不能仅仅依靠学校，家庭也应该承担其应有的教育、管理职责。家庭教育的缺失，是校园欺凌的原因之一。如果未成年人的父母、其他监护人对未成年的健康成长漠不关心，对学校的管教措施采取消极、抵制、不配合的态度，无疑会给学校对未成年人进行法治教育、帮助他们走向正轨带来极大的阻碍。根据法律规定，未成年人的父母及其他监护人对未成年人在学校被采取的管理教育措施享有知情权，学校应当主动告知；而未成年人的父母或者其他监护人对学校采取的教育管理措施也应当支持、积极配合。总之，家庭教育和学校教育都是预防未成年人走向歧途的重要组成部分，家长与学校应当加强沟通，共同管理教育孩子。

条文在线

《中华人民共和国预防未成年人犯罪法》

第三十二条 学校和家庭应当加强沟通，建立家校合作机制。学校决定对未成年学生采取管理教育措施的，应当及时告知其父母或者其他监护人；未成年学生的父母或者其他监护人应当支持、配合学校进行管理教育。

家长在预防未成年人犯罪教育方面负有怎样的责任？

育儿案例

小儒的爸爸长期在外地出差，由妈妈照顾小儒。妈妈对小儒寄予厚望，对他要求近乎严苛，不仅给他制定了严格的学习计划表，还严格控制他的上网时间。小儒非常厌倦这样枯燥而又没有自由的生活，一心想要逃离妈妈的管教和束缚。他曾尝试跟妈妈沟通，希望妈妈多给自己一些空间做自己喜欢的事情。但结果妈妈对他的管教更加严格了，甚至限制他外出和同学玩。小儒难以接受这样的教育方式，开始与妈妈唱反调，脾气也越来越暴躁，甚至在学校开始打架斗殴。那么请问，家长在预防未成年人犯罪教育方面负有怎样的责任？

依法解析

依据我国《预防未成年人犯罪法》第十六条的规定，未成年人的父母或者其他监护人对未成年人的预防犯罪教育负有直接责任，应当依法履行监护职责；发现未成年人心理或者行为异常的，应当及时了解情况，与孩子沟通，并且对孩子进行教育、引导和劝诫。

具体而言，作为家长，应当积极营造温馨的家庭环境，提高孩子的幸福感，树立优良家风，帮助孩子养成良好的品行。家长不仅要关注孩子的身体健康还要关注孩子的心理健康，注重与孩子的沟通和交流。此外，家长不得拒绝或者怠于履行监护职责。依据该法第六十一条的规定，家长或者其他监护人对于实施严重不良行为的未成年人不依法履行监护职责的，公安机关、人民检察院或者人民法院可以对其进行训诫，并强制其接受家庭教育指导。

未成年人是祖国的未来，也是家庭的希望，未成年人的健康、顺利成长成才更是父母的殷切期盼。家庭教育在健全未成年人的人格方面扮演着不可或缺的重要角色，父母及其他监护人对孩子的关心、爱护和教育是避免孩子受到不良行为诱导，进而沾染恶习的关键因素。

在上面的案例中，小儒的妈妈过于关注孩子的成绩，忽视他的心理健康，忽视营造和谐的家庭关系，忽视与孩子平等沟通，因此，作为父母应反思自己，尽量了解和满足孩子的合理需求。尤其是父亲，不能因为长期在外地就怠于履行自己的职责，对小儒心理和行为的异常应及时进行引导。

条文在线

《中华人民共和国预防未成年人犯罪法》

第十六条 未成年人的父母或者其他监护人对未成年人的预防犯罪教育负有直接责任，应当依法履行监护职责，树立优良家风，培养未成年人良好品行；发现未成年人心理或者行为异常的，应当及时了解情况并进行教育、引导和劝诫，不得拒绝或者怠于履行监护职责。

第六十一条 公安机关、人民检察院、人民法院在办理案件过程中发现实施严重不良行为的未成年人的父母或者其他监护人不依法履行监护职责的，应当予以训诫，并可以责令其接受家庭教育指导。

暴力殴打同学会被送入“专门学校”吗？

育儿案例

初一学生小凯和同学小乐因为一些琐事产生矛盾。于是，小凯打算约外校小东和小君帮自己在路上堵截小乐后，报复教训他。小君在得知小凯打算携带砖块暴力殴打小乐后，便劝阻称让他交点钱就是了，把人打伤了，还得赔偿医药费。小凯认为只让小乐上交零花钱不足以让自己泄愤。小君于是害怕了，便以周五放学要上补习班为由说去不了。在周五放学后，小凯和小东两人一起对小乐实施堵截和殴打，直到路人拨打110报警后才善罢甘休。后经鉴定，小乐的伤为轻伤二级。那么请问小凯和小东的行为会被送入专门学校吗？

依法解析

为预防未成年人违法犯罪，我国设立未成年人专门学校，以对其进行专门教育，帮助其改邪归正。而哪些未成年人有可能被送入专门学校？依据《预防未成年人犯罪法》第四十四条规定，未成年人实施严重危害社会的行为，情节恶劣或者造成严重后果的，经专门教育指导委员会评估同意，教育行政部门会同公安机关可以决定将其送入专门学校接受专门教育。

从这一条规定可以看出，并不是未成年人一犯错或者一实施危害社会的行为就会被送入专门学校接受教育，而是因其实施了严重危害社会的行为，情节恶劣或者造成严重后果；或者屡教不改，多次实施严重危害社会行为，危害了他人的人身或者财产安全、扰乱了社会公共秩序，而未成年人的监护人或者所在学校无力管教或管教无效，报经专门教育指导委员会同意后，由教育行政部门会同公安机关决定将其送入专门学校。

在上面的案例中，小凯和小东暴力殴打小乐的行为情节恶劣，并造成了严重后果，可能会被送入专门学校。

条文在线

《中华人民共和国预防未成年人犯罪法》

第四十三条　对有严重不良行为的未成年人，未成年人的父母或者其他监护人、所在学校无力管教或者管教无效的，可以向教育行政部门提出申请，经专门教育指导委员会评估同意后，由教育行政部门决定送入专门学校接受专门教育。

第四十四条　未成年人有下列情形之一的，经专门教育指导委员会评估同意，教育行政部门会同公安机关可以决定将其送入专门学校接受专门教育：

（一）实施严重危害社会的行为，情节恶劣或者造成严重后果；

（二）多次实施严重危害社会的行为；

（三）拒不接受或者配合本法第四十一条规定的矫治教育措施；

（四）法律、行政法规规定的其他情形。

孩子被送入了专门学校后，还能再回到普通学校上学吗？

育儿案例

小言因沉迷网络，学习兴趣下降，隔三岔五就旷课甚至逃学。刚开始，面对父母的教导，小言还能勉强听进去。到后来，他对父母的教导完全无动于衷，甚至起了逆反心理，动不动就离家出走。小言所在学校老师也鼓励他努力学习，疏导他的厌学情绪，但收效甚微。在家庭和学校对小言的教育都无能为力的情况下，小言的爸爸打算将他送进专门学校，而小言妈妈担心他以后不能再回到普通学校上学。那么请问，孩子被送入了专门学校后，还能再转回普通学校上学吗？

依法解析

专门学校教育的目的就是矫治有严重不良行为的未成年人的行为和心理偏差，使得他们能够尽快回归正常生活。孩子被送入专门学校后，经专门教育指导委员会评估后，适合转回普通学校上学的，就能再回到普通学校上学。

依据我国《预防未成年人犯罪法》第四十六条规定，未成年人经过专门学校教育，改正了自己的不良行为，经过评估合格后，就能回到普通学校上学。未成年人可以回原所在普通学校上学，有特殊原因的，也可以由教育行政部门安排转学到其他普通学校。

在上面的案例中，小言只要戒除了网瘾，恢复心理健康，从根本上端正学习态度，能够遵守学校的相关规章制度，意识到自己的不良行为并经过矫正评估后，就能回归正常生活，回到普通学校上学了。

条文在线

《中华人民共和国预防未成年人犯罪法》

第四十六条 专门学校应当在每个学期适时提请专门教育指导委员会对接受专门教育的未成年学生的情况进行评估。对经评估适合转回普通学校就读的，专门教育指导委员会应当向原决定机关提出书面建议，由原决定机关决定是否将未成年学生转回普通学校就读。

原决定机关决定将未成年学生转回普通学校的，其原所在学校不得拒绝接收；因特殊情况，不适宜转回原所在学校的，由教育行政部门安排转学。

第二节 常见违法犯罪的法律常识

12 岁的孩子杀人，要负刑事责任吗？

育儿案例

小新的父母长时间在外打工，将他交给爷爷照顾。因为从小缺少父母的陪伴与管教，进入小学六年级后，小新总是沉迷一些充斥着暴力的漫画作品，脾气也越发易怒暴躁。一天，同班同学小峰在做值日时，吵醒了正趴在课桌上睡觉的小新，小新顿时恼羞成怒，起身就踢打谩骂小峰。小峰跑去将此事报告给老师，小新遭到老师严厉批评，于是怀恨在心，将小峰约到学校操场，残忍地在小峰胸口连捅了十刀，致使小峰死亡。小峰的父母不能接受孩子被害的事实，要求公安机关追究小新的刑事责任。那么，12 周岁的小新对于杀害小峰的行为，是否要负刑事责任呢？

依法解析

对于故意杀人的刑事犯罪，我国刑法上规定的刑事年龄，原则上是14周岁。这是刑法为了保护14周岁以下的未成年人，让他们拥有悔过的机会。但是，随着时代的发展，新生代年轻人的智商和身体发育很快，身体和心理年龄成熟的也比较早，一些不满14岁的孩子可能在心智上和成年人无异。因此，我国《刑法》降低了故意杀人等以残忍手段致人死亡、重伤或严重残疾犯罪行为的刑事责任年龄，明确规定已满12周岁不满14周岁的未成年人，如果犯有上述罪行，经最高人民检察院核准追诉的，也应当承担刑事责任。

在上述案例中，小新年满12周岁，其心智年龄已经相对成熟，完全知道用匕首往同学身体上连捅十刀会发生什么样的后果，但仍对小峰实施了如此恶劣的犯罪行为。由此看来，小新具有极大的犯罪恶意，犯罪手段极其恶劣，应当受到法律的制裁。

条文在线

《中华人民共和国刑法》

第十七条　第三款　已满十二周岁不满十四周岁的人，犯故意杀人、故意伤害罪，致人死亡或者以特别残忍手段致人重伤造成严重残疾，情节恶劣，经最高人民检察院核准追诉的，应当负刑事责任。

拦路抢劫同学的钱财，要负刑事责任吗？

育儿案例

小明（15岁）自从上了初中之后，就常常和一些社会闲散人员混在一起，还染上了抽烟的习惯。一天，小明烟瘾犯了，父母给的零花钱又花完了，他就在商店买了一把水果刀，等晚自习放学后，将两名女同学堵在学校附近的胡同里，用水果刀抵住一名女生的脖子，威胁她们将身上的钱拿出来。两名女生不敢强行抵抗，只得将全部的200元钱都交给了他。惊魂未定的两名女生见小明走远，随即拨打了报警电话，警察将小明抓获。小明却满不在乎，认为自己是未成年人，而且只不过就抢了200元钱而已。那么，小明的行为需要负刑事责任吗？

依法解析

对于犯罪的刑事责任年龄，刑法是有明确规定的。依据《刑法》第十七条的规定，原则上，已满16周岁的人犯罪，才需要负刑事责任。但是对于故意杀人、故意伤害致人重伤或者死亡、强奸、抢劫、贩卖毒品、放火、爆炸、投放危险物质等严重性犯罪，刑事责任年龄为14周岁。也就是说，尽管通常意义上，未成年人犯罪是不需要负刑事责任的，但对于上述暴力犯罪，由于其社会危害性大，行为情节恶劣，即使是刚年满14周岁的未成年人，也能认识到行为的严重性，也应当为自己的暴力犯罪行为负责。

在上面的案例中，小明是手持水果刀向两名女生索要钱财，属于以暴力、胁迫的方法抢劫财物。虽然抢劫的数额只有200元钱，而且没有造成两名女生身体上的伤害，但是抢劫罪是没有数额要求的，不管抢劫多少钱，只要有抢劫的行为发生，都构成抢劫罪。小明虽然是未成年人，但已经年满15周岁，达到了抢劫罪的刑事责任年龄，因此小明应当负刑事责任。

条文在线

《中华人民共和国刑法》

第十七条　第二款　已满十四周岁不满十六周岁的人，犯故意杀人、故意伤害致人重伤或者死亡、强奸、抢劫、贩卖毒品、放火、爆炸、投放危险物质罪的，应当负刑事责任。

第二百六十三条　以暴力、胁迫或者其他方法抢劫公私财物的，处三年以上十年以下有期徒刑，并处罚金；有下列情形之一的，处十年以上有期徒刑、无期徒刑或者死刑，并处罚金或者没收财产：

（一）入户抢劫的；

（二）在公共交通工具上抢劫的；
（三）抢劫银行或者其他金融机构的；
（四）多次抢劫或者抢劫数额巨大的；
（五）抢劫致人重伤、死亡的；
（六）冒充军警人员抢劫的；
（七）持枪抢劫的；
（八）抢劫军用物资或者抢险、救灾、救济物资的。

多次小偷小摸也会构成犯罪吗？

育儿案例

小虎6岁的时候，父母离婚。小虎跟随父亲一起生活，但父亲很快再婚与继母又生育了一个弟弟，两人把重心放在了二儿子身上，对小虎的成长失去关心，慢慢导致小虎无心学业，高中没毕业就辍学了。从此小虎自谋生路，偶尔靠打零工满足生活。一天，在超市购物时，他趁老板不注意，随手拿走了商店里的两包香烟，之后，一连5次，小虎都采取先分散老板注意力，再偷盗商品的方式，共盗取了34包香烟，价值1100元。不久老板通过查看监控，发现了小虎的盗窃行为并报警。数天后，在小虎再次行窃时，被警察当场抓获。那么，小虎接下来会面临什么样的处罚呢？

依法解析

关于盗窃罪的认定问题，我国《刑法》有明确规定，盗窃公私财物，数额较大的，或者多次盗窃、入户盗窃、携带凶器盗窃、扒窃的，构成盗窃罪。而对于数额较大，按照《最高人民法院、最高人民检察院关于办理盗窃刑事案件适用法律若干问题的解释》第一条的规定，是指盗窃财物的总价值在一千元至三千元以上。对于多次的认定标准，该解释第三条也做了明确规定，即二年内盗窃三次以上的，应当认定为“多次盗窃”。

上面的例子中，小虎一连实施了 6 次盗窃行为，已经构成“多次盗窃”，并且盗窃的物品价值为 1100 元，属于数额较大，构成盗窃罪，应当承担刑事责任。但是由于小虎为不满 18 周岁的未成年人，法院定罪处罚时应当在综合考虑犯罪程度、犯罪原因等因素后，从轻或减轻处罚。

条文在线

《中华人民共和国刑法》

第二百六十四条 盗窃公私财物，数额较大的，或者多次盗窃、入户盗窃、携带凶器盗窃、扒窃的，处三年以下有期徒刑、拘役或者管制，并处或者单处罚金；数额巨大或者有其他严重情节的，处三年以上十年以下有期徒刑，并处罚金；数额特别巨大或者有其他特别严重情节的，处十年以上有期徒刑或者无期徒刑，并处罚金或者没收财产。

《最高人民法院、最高人民检察院关于办理盗窃刑事案件适用法律若干问题的解释》

第一条 第一款 盗窃公私财物价值一千元至三千元以上、三万元至十万元以上、三十万元至五十万元以上的，应当分别认定为刑法第二百六十四条规定的“数额较大”“数额巨大”“数额特别巨大”。

第三条 第一款 二年内盗窃三次以上的，应当认定为“多次盗窃”。

未成年男女谈恋爱自愿发生性关系，构成强奸罪吗？

育儿案例

小龙今年 16 周岁了，与一起上英语补习班的小美是同桌。小龙比小美大三岁，平常学习时经常帮助小美。小美渐渐地喜欢上了小龙，并对他告白了，小龙本就喜欢小美，因此两人成为了男女朋友。

在相处过程中，两人偷食了禁果，导致小美怀孕。小美的家长无法接受这个事实，认为小龙构成了强奸罪。小龙的父母则认为，两个孩子是男女朋友关系，发生关系时双方都是自愿的。那么，小龙的行为构成强奸罪吗?

依法解析

对于未成年男性与未年满 14 周岁的女性发生性关系，是否构成刑事犯罪，要分年龄段来区别判定。依照我国《刑法》及相关司法解释的规定，年满 16 周岁未满 18 周岁，精神智力健全的人，与未满 14 周岁的女性发生性关系的，无论女孩是否愿意，均构成强奸罪，需要负刑事责任。而对于未年满 16 周岁的未成年人，偶尔与不满 14 周岁的女性发生性行为，如果对方是自愿的，而且情节轻微，没有造成严重后果的，不认为是犯罪。

以上案例中，小龙已经年满 16 周岁，虽然小美是自愿与其发生性行为的，但依照《刑法》的规定，小龙构成强奸罪，应当承担刑事责任。在这里，要提醒家长注意的是，不管是否需要负刑事责任，未成年人都不应当偷食禁果，否则会受到法律的处罚。

条文在线

《中华人民共和国刑法》

第二百三十六条　第二款　奸淫不满十四周岁的幼女的，以强奸论，从重处罚。

《最高人民法院关于审理未成年人刑事案件具体应用法律若干问题的解释》

第六条　已满十四周岁不满十六周岁的人偶尔与幼女发生性行为，情节轻微、未造成严重后果的，不认为是犯罪。

猥亵男童也构成犯罪吗?

育儿案例

小枫从小就喜欢跳舞，12 岁那年，省舞协副会长王某带人到他所在的兴趣班挑选舞蹈演员，选中了小枫，并和他的父母商量，每个周末将小枫送到舞协上课，重点培养他们的孩子。家长喜出望外，从此不畏辛劳、风雨无阻坚持送小枫去上课。但没想到小枫每次回来，情绪都十分低落。细心的父母多次询问，小枫才向他们透露，王某对小枫实施了多次猥亵行为，并威胁他不能告诉任何人。小枫父母立即向公安机关报案，那么，王某猥亵小枫的行为，构成犯罪吗?

依法解析

王某利用职业身份对未成年人实施猥亵的行为，属于恶劣的违法犯罪行为，必须受到法律的严惩。依据我国《刑法》第二百三十七条的规定，猥亵罪的受害人不限于女性，只要是犯罪行为人以暴力、威胁或其他手段违背他人意愿，强制猥亵他人的，均构成猥亵罪。猥亵儿童的行为，会对儿童的身心健康造成严重伤害，不利于儿童的健康茁壮成长，因此刑法对猥亵儿童的行为规定了更高的刑罚标准。

本案例中，王某的行为已经构成了猥亵罪，司法机关会依法对他从严惩处。未成年人也应增强自我保护意识，遇到自己权益受到侵犯的情况，要和家长、学校、社区主动沟通寻求帮助。

条文在线

《中华人民共和国刑法》

第二百三十七条　第三款　猥亵儿童的，处五年以下有期徒刑；有下列情形之一的，处五年以上有期徒刑：

（一）猥亵儿童多人或者多次的；

（二）聚众猥亵儿童的，或者在公共场所当众猥亵儿童，情节恶劣的；

（三）造成儿童伤害或者其他严重后果的；

（四）猥亵手段恶劣或者有其他恶劣情节的。

什么是寻衅滋事罪？其常见的表现形式有哪些？

育儿案例

小鹏直到15岁的时候，才从农村奶奶家转学回到县城与父母一起生活，但父母依然每天早出晚归忙于工作。小鹏由农村回到城市，无法适应这里的生活，学习也跟不上，便开始和社会上的闲散青年接触。一天小鹏和刚认识的社会无业青年阿亮在酒吧喝酒时，与肖某发生口角，两人持甩棍殴打肖某，还打坏了酒吧价值13000元的LED显示屏。事后，经鉴定，肖某的伤情为轻微伤。那么，他们的行为是否构成寻衅滋事罪？

依法解析

依据我国《刑法》规定，随意殴打他人，追逐、拦截、辱骂、恐吓他人，强拿硬要或者任意损毁、占用公私财物，在公共场所起哄闹事，造成严重后果的，都会构成寻衅滋事罪。由此可见，未成年人在现实生活中一定要学会控制、约束自己的行为，切不可因小错酿成大罪。

在上面的案例中，小鹏和阿亮在酒吧殴打肖某并损坏酒吧LED显示屏的行为，触犯了上述刑法的禁止性规定，已经构成寻衅滋事行为。阿亮系已经进入社会的成年人，按照刑罚的规定，应当处五年以下有期徒刑、拘役或者管制。由于小鹏尚未满16周岁，虽然无需对其寻衅滋事行为负刑事责任，但因其行为已经违反了法律规定，依据《治安管理处罚法》的规定，小鹏要接受治安处罚。另外，小鹏的父母还需要承担民事赔偿责任，包括赔偿肖某的医药费和酒吧的财产损失。由此，小鹏应被敲响警钟， 无论家长还是学校应当主动关心未成年人，并向他们普及法律知识，注重培养他们健康的人格。

条文在线

《中华人民共和国刑法》

第二百九十三条 有下列寻衅滋事行为之一，破坏社会秩序的，处五年以下有期徒刑、拘役或者管制：

（一）随意殴打他人，情节恶劣的；

（二）追逐、拦截、辱骂、恐吓他人，情节恶劣的；

（三）强拿硬要或者任意损毁、占用公私财物，情节严重的；

（四）在公共场所起哄闹事，造成公共场所秩序严重混乱的。

纠集他人多次实施前款行为，严重破坏社会秩序的，处五年以上十年以下有期徒刑，可以并处罚金。

《中华人民共和国治安管理处罚法》

第二十六条 有下列行为之一的，处五日以上十日以下拘留，可以并处五百元以下罚款；情节较重的，处十日以上十五日以下拘留，可以并处一千元以下罚款：

（一）结伙斗殴的；

（二）追逐、拦截他人的；

（三）强拿硬要或者任意损毁、占用公私财物的；

（四）其他寻衅滋事行为。

在线协助联络贩毒，要负刑事责任吗？

育儿案例

小雪向在网上结识的阿连（20周岁）诉说自己的苦恼，她说自己想买一款苹果最新款的手机，没得到父母支持，阿连却安慰她不用愁，说只要她能帮自己联络到想购买毒品的人，将联络方式告知自己，自己就能让小雪挣到钱。已经上了高一年级的小雪在学校了解过《禁毒法》知识，立即警惕起来，连声拒绝。但阿连却说，她只需要提供购买人的信息给他，并没有直接参与，警察不会找到她的。再说她是未成年人，即使被查出来也不算犯法。那么，15 岁的小雪帮他人在线联络贩毒的行为，需要负刑事责任吗？

依法解析

关于贩卖毒品的刑事责任年龄，我国《刑法》明确规定，已满 14 周岁不满 16 周岁的人，贩卖毒品的，应当负刑事责任。当前，毒品犯罪的突出特点之一是犯罪分子常常利用未成年人缺乏辨别能力的特征，控制、教唆未成年人实施毒品犯罪。而未成年人因为身心发育还不健全，并不太清楚自己从事的是涉毒行为，也不清楚行为的危害性和后果的严重性。因此，普法宣传和教育引导尤为重要。

在上面的案例中，小雪已经年满 14 周岁，应当对其在网络上联络贩毒的行为负刑事责任。而阿连利用未成年人贩卖毒品，应当从重处罚，这是法律对未成年人的特别保护。这里要提醒各位家长注意，应当正确引导未成年人的价值观，并加强对未成年人的毒品危害教育。

条文在线

《中华人民共和国刑法》

第十七条　第二款　已满十四周岁不满十六周岁的人，犯故意杀人、故意伤害致人重伤或者死亡、强奸、抢劫、贩卖毒品、放火、爆炸、投放危险物质罪的，应当负刑事责任。

《中华人民共和国禁毒法》

第十八条　未成年人的父母或者其他监护人应当对未成年人进行毒品危害的教育，防止其吸食、注射毒品或者进行其他毒品违法犯罪活动。

允许他人在自家吸毒，也是犯罪吗？

育儿案例

一次偶然的机会，刚升入高一年级的小宇认识了社会青年阿金，并把阿金视为在 A 市唯一的朋友。但没想到阿金却是个吸毒人员，有一次两人在小宇家见面，阿金的毒瘾犯了，就在小宇家吸食毒品。碍于情面，在与阿金认识的一年多时间里，小宇多次容留他在自己家吸毒。那么，小宇允许阿金在自己家里吸毒的行为，构成犯罪吗？

依法解析

允许他人在自己家里吸毒的行为，构成容留他人吸毒罪。近年来，容留他人吸食毒品的案件数量很多，司法机关为了打击此种犯罪，进行了严格的规定。我国《刑法》及相关司法解释规定，多次容留他人吸食或注射毒品的，构成容留他人吸毒罪，应当承担刑事责任。容留他人吸毒的，不管自己有没有吸毒，都会构成犯罪。但是需要注意的是，容留他人吸毒罪的刑事责任年龄是年满 16 周岁。

以上案例中，小宇容留他人吸食毒品的行为虽然触犯了法律，但是由于他未满 16 周岁，依照《刑法》的规定，小宇无须承担刑事责任。这里提醒家长，重视对孩子进行毒品危害教育，防止孩子因被蒙骗、教唆而参与毒品违法犯罪活动。

条文在线

《中华人民共和国刑法》

第三百五十四条　容留他人吸食、注射毒品的，处三年以下有期徒刑、拘役或者管制，并处罚金。

《最高人民法院关于审理毒品犯罪案件适用法律若干问题的解释》

第十二条　容留他人吸食、注射毒品，具有下列情形之一的，应当依照刑法第三百五十四条的规定，以容留他人吸毒罪定罪处罚：

（一）一次容留多人吸食、注射毒品的；

（二）二年内多次容留他人吸食、注射毒品的；

（三）二年内曾因容留他人吸食、注射毒品受过行政处罚的；

（四）容留未成年人吸食、注射毒品的；

（五）以牟利为目的容留他人吸食、注射毒品的；

（六）容留他人吸食、注射毒品造成严重后果的；

…………

《中华人民共和国禁毒法》

第十八条 未成年人的父母或者其他监护人应当对未成年人进行毒品危害的教育，防止其吸食、注射毒品或者进行其他毒品违法犯罪活动。

通过网络贩卖淫秽物品，要承担怎样的法律责任？

育儿案例

出于好奇心，16岁的小龙某次在玩游戏时，点开了窗口突然弹出的黄色网站。从此，他便开始沉迷淫秽视频，经常浏览黄色网站。再后来，小龙在网上发现很多人想要“黄色资源”，因此产生了贩卖淫秽视频赚钱的想法。于是，小龙在经常浏览的网站中开设了店铺，贩卖淫秽物品。他还多次在网站上下载视频，通过QQ和微信向他人贩卖淫秽视频获利几万元。三个月后，公安机关在网络巡查中发现有人在QQ聊天群中出售淫秽物品，通过网上信息核查的方式锁定了小龙。那么，小龙通过网络贩卖淫秽物品的行为，应当承担怎样的法律责任？

依法解析

由于网络上充斥着一些不良信息，未成年人心智发育不成熟，识别风险的能力低，容易被“侵蚀”。关于贩卖淫秽物品牟利的行为，我国《刑法》及相关法律规定，以牟利为目的，利用互联网、手机等方式贩卖淫秽视频文件 20 个以上的，即构成贩卖淫秽物品牟利罪，应当立案追诉。

在上面的案例中，小龙的行为符合贩卖淫秽物品罪的相关规定。依照法律规定，贩卖淫秽物品牟利罪的起刑标准是三年以下有期徒刑、拘役或者管制，并处罚金。但是鉴于小龙犯罪时未满 18 周岁，系未成年人，应当依法从宽处罚。为了从源头上杜绝未成年人网络犯罪，家长应加强对未成年人的正确引导，重视以预防为主。

条文在线

《中华人民共和国刑法》

第三百六十三条　第一款　以牟利为目的，制作、复制、出版、贩卖、传播淫秽物品的，处三年以下有期徒刑、拘役或者管制，并处罚金；情节严重的，处三年以上十年以下有期徒刑，并处罚金；情节特别严重的，处十年以上有期徒刑或者无期徒刑，并处罚金或者没收财产。

《最高人民检察院、公安部关于公安机关管辖的刑事案件立案追诉标准的规定（一）》

第八十二条　第二款　以牟利为目的，利用互联网、移动通讯终端制作、复制、出版、贩卖、传播淫秽电子信息，涉嫌下列情形之一的，应予立案追诉：

（一）制作、复制、出版、贩卖、传播淫秽电影、表演、动画等视频文件二十个以上的；

…………

什么是“帮助信息网络犯罪活动罪”？

育儿案例

17 岁的小磊通过 QQ 认识了一名自称在缅甸的中国男子阿柳。一次，阿柳联系他说，愿意以 5000 元每套的价格向他购买银行卡“三件套”（银行卡、U盾、关联电话卡）。小磊听后虽感到疑惑，但出于利益诱惑，还是办理了四张银行卡，并通过快递的方式邮寄给阿柳，还将支付结算密码告知阿柳。收到银行卡后，阿柳真的支付给小磊20000元。之后，阿柳将小磊的银行卡用做诈骗资金的流转。那么，小磊的行为违法吗？

依法解析

帮信罪，全称“帮助信息网络犯罪活动罪”，是指明知他人利用信息网络实施犯罪，为犯罪提供互联网接入、服务器托管、网络通信技术支持、资金支付结算等帮助行为。依照我国《刑法》第二百八十七条之二规定，触犯帮信罪的，应当处三年以下有期徒刑或者拘役，并处或者单处罚金。

上面的案例中，小磊的行为已经构成了帮信罪。这里要提醒大家注意的是，各种实名制的电话卡、银行卡及第三方支付工具不应转卖或出借给他人。一方面，可能会影响个人的征信，另一方面，一旦这些支付工具涉及违法犯罪，可能会涉嫌帮信罪。家长们应该提醒未成年人，不应当贪图利益，而给不法分子提供帮助行为。学校应当加强未成年人普法宣传，使未成年人懂法、守法，既要防止受到不法分子欺骗，更要守好法律边界的防线，避免走向犯罪深渊。

条文在线

《中华人民共和国刑法》

第二百八十七条之二　明知他人利用信息网络实施犯罪，为其犯罪提供互联网接入、服务器托管、网络存储、通讯传输等技术支持，或者提供广告推广、支付结算等帮助，情节严重的，处三年以下有期徒刑或者拘役，并处或者单处罚金。

单位犯前款罪的，对单位判处罚金，并对其直接负责的主管人员和其他直接责任人员，依照第一款的规定处罚。

有前两款行为，同时构成其他犯罪的，依照处罚较重的规定定罪处罚。

未成年人诈骗他人钱财，要承担怎样的法律责任？

育儿案例

小栋有一个非常喜欢的电竞明星，基于对偶像的崇拜，便想参加偶像所在的电竞公司举办的比赛。小栋父母认为电竞就是玩游戏，不同意他参加。于是，为了获得比赛资金，小栋先在网络上谎称媒体公司，以返利为诱饵，诱骗他人在网络平台上购买购物卡，骗取非法资金 1000 余元。之后小栋认为这种“弄钱”方式太慢了，于是又诱骗他人在网络借贷平台上借款后提供给自己使用，共骗取 5 万余元。经过被诈骗人举报，警方锁定了小栋。那么小栋诈骗他人钱财的行为，应当承担怎样的法律责任？

依法解析

诈骗罪，是指以非法占有为目的，采用虚构事实或者隐瞒真相的方法，骗取公私财物的行为。因为未成年人缺乏分辨能力，经常成为被诈骗的对象。近年来，未成年人犯诈骗罪的案件常发，诈骗数额也不断提高。根据相关法律规定，诈骗公私财物价值 3000 元至 10000 元以上的，就达到了诈骗罪的立案标准，应当承担刑事责任。

上面的案例中，小栋骗取他人财物获利 51000 余元，已经达到诈骗罪的立案标准，甚至达到了“数额巨大”的标准，根据我国《刑法》规定，应当判处三年以上十年以下有期徒刑，并处罚金。但是小栋是未满 18 周岁的未成年人，应当按照法律规定减轻处罚。小栋应当认识到自己的犯罪行为，积极主动退赔，获取被害人谅解。另，17 岁正值青春叛逆期，家长应当给予孩子足够的关心，并关注孩子的需求，多与其沟通，教育和引导未成年人遵纪守法，养成良好的品行。

条文在线

《中华人民共和国刑法》

第二百六十六条 诈骗公私财物，数额较大的，处三年以下有期徒刑、拘役或者管制，并处或者单处罚金；数额巨大或者有其他严重情节的，处三年以上十年以下有期徒刑，并处罚金；数额特别巨大或者有其他特别严重情节的，处十年以上有期徒刑或者无期徒刑，并处罚金或者没收财产。本法另有规定的，依照规定。

《最高人民法院、最高人民检察院关于办理诈骗刑事案件具体应用法律若干问题的解释》

第一条 第一款 诈骗公私财物价值三千元至一万元以上、三万元至十万元以上、五十万元以上的，应当分别认定为刑法第二百六十六条规定的“数额较大”“数额巨大”“数额特别巨大”。

在考试中给人当枪手，也可能是犯罪行为吗？

育儿案例

小阳在A市某大学上大一，沉迷于网络游戏，家长给的生活费除了日常开销，根本不够买游戏装备。一天他听说，替别人考试可以拿到丰厚的报酬，于是就加入了一个组织替考的微信群。很快小阳就在微信群里接到了组织者阿肖（25岁）给的任务，代替一名大学生参加普通话考试，薪酬300元。考试当天，小阳在考场外接到了阿肖给的替考人员的身份证和准考证，在监考人员查验身份时，小阳被当场发现替考，并移送到公安机关。那么，在考试中给人当枪手，是否构成犯罪呢？

依法解析

为金钱或者人际关系而帮别人考试，并不是简单的违反学校纪律的行为。我国在《刑法修正案（九）》中增加了关于考试作弊的一系列罪名，将在国家级考试中，组织考生作弊的，为他人提供作弊器材或其他帮助的，向他人非法出售或者提供试题、答案的，以及代替他人或者让他人代替自己参加考试等破坏考试秩序的行为规定为犯罪，刑期从拘役、管制到7年以下有期徒刑不等。

在上面的例子中，社会青年阿肖在微信群内聚集替考者，此行为构成组织考试作弊罪。而小阳及其替考的同学的行为，构成了代替考试罪。小阳属于未成年人，而且只实施了一次替考行为，犯罪情节轻微，可能会被检察机关免于起诉。虽然小阳可能不会受到刑事处罚，但其行为仍然属于违法犯罪行为，应当引以为戒。各个学校应当适时开展诚信考试教育活动，使同学们树立法律意识，严肃对待考试，诚信守纪，不触碰法律底线。

条文在线

《中华人民共和国刑法》

第二百八十四条之一　在法律规定的国家考试中，组织作弊的，处三年以下有期徒刑或者拘役，并处或者单处罚金；情节严重的，处三年以上七年以下有期徒刑，并处罚金。

为他人实施前款犯罪提供作弊器材或者其他帮助的，依照前款的规定处罚。

为实施考试作弊行为，向他人非法出售或者提供第一款规定的考试的试题、答案的，依照第一款的规定处罚。

代替他人或者让他人代替自己参加第一款规定的考试的，处拘役或者管制，并处或者单处罚金。

向父母勒索要钱，也是犯罪行为吗？

育儿案例

小玲今年16岁了，在B市上中专，她总是超前消费，向平台借款买一些奢侈品。很快额度就被用完了，自己没钱还，跟父母要钱还债又怕被骂。于是，小玲在一个凌晨，假装非常慌乱地给父亲打电话，称自己被绑架了，让父亲向自己提供的银行卡里转2万元，否则绑匪就要把她卖了。小玲的父亲接到电话后，赶紧向卡里转了2万元，并向公安机关报警求救。民警通过技术手段，锁定了小玲的位置，出警后发现她竟然在一个KTV唱歌，这才知道这是她自导自演的一场“绑架大戏”。小玲谎称自己被他人绑架，向父母勒索要钱的行为，构成犯罪吗？

依法解析

谎称自己被绑架，向父母要钱，看似事情并不严重，没有侵害到他人的权益，但实则已经构成了敲诈勒索罪。

敲诈勒索罪，是指以非法占有为目的，对被害人使用恐吓、威胁或要挟的方法，非法占用被害人公私财物，从而构成犯罪。依照我国《刑法》及相关司法解释的规定，敲诈勒索财物的数额达到二千元至五千元以上的，就符合敲诈勒索罪的立案标准。

以上案例中，虽然小玲是向自己的父母实施的敲诈勒索行为，但是其主观上是以非法占有为目的，而且使用了恐吓方式，占有了被害人的财物，因此构成敲诈勒索。但是鉴于敲诈勒索的对象是其父母，对社会危害性不大，并且小玲又是未成年人，检察院可能会作出不起诉的决定。但是，小玲的行为导致公安机关浪费警力破案，其行为已经严重扰乱社会秩序，应当依照《治安管理处罚法》的规定，给予行政处罚。这里要提醒家长们注意，应当从小为孩子树立正确的金钱观、价值观，避免未成年人为钱财而落入犯罪深渊。

条文在线

《中华人民共和国刑法》

第二百七十四条 敲诈勒索公私财物，数额较大或者多次敲诈勒索的，处三年以下有期徒刑、拘役或者管制，并处或者单处罚金；

数额巨大或者有其他严重情节的，处三年以上十年以下有期徒刑，并处罚金；数额特别巨大或者有其他特别严重情节的，处十年以上有期徒刑，并处罚金。

《最高人民法院、最高人民检察院关于办理敲诈勒索刑事案件适用法律若干问题的解释》

第一条　第一款　敲诈勒索公私财物价值二千元至五千元以上、三万元至十万元以上、三十万元至五十万元以上的，应当分别认定为刑法第二百七十四条规定的“数额较大”“数额巨大”“数额特别巨大”。

《中华人民共和国治安管理处罚法》

第四十九条　盗窃、诈骗、哄抢、抢夺、敲诈勒索或者故意损毁公私财物的，处五日以上十日以下拘留，可以并处五百元以下罚款；情节较重的，处十日以上十五日以下拘留，可以并处一千元以下罚款。

倒卖网络账号，可能涉嫌什么犯罪？

育儿案例

小达16岁辍学，和几个朋友一起到A市打工。很快，小达便得知了一个赚钱的途径，那就是注册并倒卖微信账号，一个微信号可以赚取50元。他觉得这种赚钱方式比打工快多了，于是就开启了他的“卖号生意”。小达通过QQ群和微信群，一边收购手机号，一边寻找微信号买家。他虽然知道买家购买微信号可能是非法用途，但是为了赚钱，还是一直持续做这种非法生意。半年后，小达被警方抓获，据统计，他半年内共卖出1532个微信账号，非法获利76600元。那么，小达倒卖网络账号的行为，可能涉嫌什么犯罪？

依法解析

近年来，一些犯罪分子经常在网络上收购网络账号，通过这些账号进行网络赌博、洗钱、电信诈骗等违法犯罪活动。因此，诱发了倒卖网络账号的违法行为。这种倒卖行为导致公民的个人信息遭到泄露，容易使犯罪分子利用公民的信息实施犯罪行为，从而严重危害公民的生命和财产安全。

上面的例子中，小达非法收购手机号，注册并倒卖微信账号的行为泄露了公民的个人信息，构成了侵犯公民个人信息罪。另外，他明知犯罪分子利用微信账号从事违法犯罪行为，仍然为其提供账号，还可能构成帮助信息网络犯罪活动罪。

这里要提醒广大家长注意，应当教育和引导未成年人正确使用网络，注重个人信息的涉密保护，防止被不法分子利用。

条文在线

《中华人民共和国刑法》

第二百五十三条 第一款 违反国家有关规定，向他人出售或者提供公民个人信息，情节严重的，处三年以下有期徒刑或者拘役，并处或者单处罚金；情节特别严重的，处三年以上七年以下有期徒刑，并处罚金。

第二百八十七条之二 第一款 明知他人利用信息网络实施犯罪，为其犯罪提供互联网接入、服务器托管、网络存储、通讯传输等技术支持，或者提供广告推广、支付结算等帮助，情节严重的，处三年以下有期徒刑或者拘役，并处或者单处罚金。

第三节 戒毒法律常识

吸毒的青少年可以自愿到戒毒机构接受戒毒吗？

育儿案例

晴晴家庭环境非常不好，父亲不务正业，经常混迹在赌场、酒场，喝多了、输光了回家就打骂晴晴的母亲。终于，在晴晴 10 岁那年，母亲选择了离家出走。为了养活自己，晴晴早早地步入社会，并结识了一群社会青年，每天出入歌舞厅、游戏厅等场所，接触到了毒品并吸食成瘾。吸毒后晴晴整日神情恍惚，身体素质越来越差。晴晴的母亲得知女儿的遭遇后深感自责和心痛。为了弥补对女儿的愧疚，母亲决定留下与她共同生活，晴晴也痛下决心戒掉毒品。那么，吸毒成瘾的青少年可以自愿到戒毒机构戒除毒瘾吗？

依法解析

吸毒成瘾的人员是可以自行戒掉毒瘾的，可以在家中由家人帮助戒毒，也可以自愿到戒毒医疗机构接受戒毒治疗戒除毒瘾。吸毒成瘾的人选择主动戒除毒瘾，说明其对毒品的危害有着比较清醒的认识，戒毒意愿很强，相对更容易戒掉毒瘾。

依据我国《戒毒条例》第九条规定，国家鼓励吸毒成瘾人员自行戒除毒瘾。吸毒人员可以自行到戒毒医疗机构接受戒毒治疗。对自愿接受戒毒治疗的吸毒人员，公安机关对其原吸毒行为不予处罚。由此可知，吸毒成瘾人员是可以自行戒除毒瘾的，国家也非常鼓励这一做法。

在本案例中，重新感受到母爱的晴晴可以自行到戒毒机构戒除毒瘾，公安机关对她原有的吸毒行为可以不予处罚。毒品对个人、家庭和社会的危害都是不言而喻的，对未成年人的身心健康影响更为严重；国家戒毒工作一贯坚持以人为本、关怀救助的原则，我们一定要珍爱生命，远离毒品，一旦沾染毒品后，要主动接受戒毒。

条文在线

《戒毒条例》

第九条 国家鼓励吸毒成瘾人员自行戒除毒瘾。吸毒人员可以自行到戒毒医疗机构接受戒毒治疗。对自愿接受戒毒治疗的吸毒人员，公安机关对其原吸毒行为不予处罚。

戒毒人员的个人信息是否会被保密？

育儿案例

青春期的乐乐是一个非常叛逆的女孩，曾经学习成绩优异的她，忽然变得性情古怪，成绩直线下滑。有一次，跟妈妈大吵一架之后，为了故意气妈妈，乐乐跟同学来到夜店，不幸吃了摇头丸，沾染上了毒品。后来，在父母的耐心劝导下，乐乐决定到戒毒所去戒掉毒瘾。但乐乐的父母又很担心，害怕女儿去过戒毒所的消息泄露，影响女儿以后的生活。那么，曾经吸毒的人员，戒毒的个人信息依法应当保密吗？

依法解析

曾经吸毒的人员，戒毒之后个人信息会被保密。依据我国《戒毒条例》第七条第二款的规定，戒毒医疗机构应当对戒毒人员戒毒的个人信息依法予以保密。如果戒断毒瘾后 3 年未复吸的，也不再实行动态管控。

在本案例中，乐乐的父母可以完全放心地把女儿送到戒毒医疗机构，戒毒医疗机构对乐乐戒毒的个人信息是负有保密义务，一旦乐乐戒毒的个人信息被泄露，戒毒医疗机构将需要承担相应的法律责任。

法治的进步体现在我们生活的方方面面，即使是对于戒毒人员的个人信息，法律也是明确予以保护的，信息保密义务是戒毒医疗机构的法定义务，戒毒医疗机构必须依法履行自身职责。沾染毒瘾的青少年有戒毒的意愿时，完全不必担心个人信息被泄露。

条文在线

《戒毒条例》

第七条 戒毒人员在入学、就业、享受社会保障等方面不受歧视。

对戒毒人员戒毒的个人信息应当依法予以保密。对戒断3年未复吸的人员，不再实行动态管控。

什么情况下应当接受强制隔离戒毒？

育儿案例

小刚父母长期在外地忙于做生意，正读职高的小刚常常独自在家。父母总认为，留给他足够零花钱，就弥补了对儿子的亏欠。久而久之，缺乏管束又经济自由的小刚误入歧途，沾染上了毒品，渐渐形成了依赖。一次，小刚找来很多“朋友”到他家吸毒，被邻居发现立即报告给公安机关。之后小刚被公安机关责令接受社区康复。但是小刚却认为自己有钱吸食毒品，不偷不抢为什么要戒毒，于是拒不接受社区戒毒治疗。父母也非常懊悔，由于疏于陪伴和管教，使孩子尝到了今天的恶果。那么，吸毒后拒不接受社区康复，会承担什么后果？哪些情况应当依法接受强制隔离戒毒？

依法解析

对吸毒成瘾的人员，公安机关可以责令其接受社区戒毒，如果其拒绝接受的，那么依据《禁毒法》第三十八条的规定，公安机关可以作出强制隔离戒毒的决定。由此可知，对于被责令接受社区戒毒的人员来说，应当积极主动配合社区戒除毒瘾，如果拒不接受社区戒毒，公安机关可以责令其强制隔离戒毒。

强制隔离戒毒是戒毒的措施之一，它和自愿戒毒、社区戒毒共同构成了现阶段我国戒毒措施的基本体系。在不满足其他两种戒毒措施的情况下，戒毒人员必须依法接受强制隔离戒毒。我国《禁毒法》第三十八条规定，吸毒成瘾人员有拒绝接受社区戒毒；在社区戒毒期间吸食、注射毒品；严重违反社区戒毒协议；经社区戒毒、强制隔离戒毒后再次吸食、注射毒品四种情况时，应当进行强制隔离戒毒。此外，对于吸毒成瘾严重，通过社区戒毒难以戒除毒瘾的人员，公安机关可以直接作出强制隔离戒毒的决定。吸毒成瘾人员也可以自愿选择接受强制隔离戒毒。由此可知，对于符合以上条件的情况，戒毒人员应当依法接受强制隔离戒毒。

在本案中，小刚在吸毒被举报后依然对毒品危害没有清醒的认识，并拒绝接受社区康复，依照法律规定，属于应当接受强制隔离戒毒的情况之一。公安机关可以决定其强制隔离戒毒。至此，小刚父母意识到自己的教育失职，打算带孩子离开此地与自己一起生活，小刚还需要与新的执行地重新签订戒毒协议。

条文在线

《中华人民共和国禁毒法》

第三十八条 吸毒成瘾人员有下列情形之一的，由县级以上人民政府公安机关作出强制隔离戒毒的决定：

（一）拒绝接受社区戒毒的；

（二）在社区戒毒期间吸食、注射毒品的；

（三）严重违反社区戒毒协议的；

（四）经社区戒毒、强制隔离戒毒后再次吸食、注射毒品的。

对于吸毒成瘾严重，通过社区戒毒难以戒除毒瘾的人员，公安机关可以直接作出强制隔离戒毒的决定。

吸毒成瘾人员自愿接受强制隔离戒毒的，经公安机关同意，可以进入强制隔离戒毒场所戒毒。

《戒毒条例》

第三十八条 被责令接受社区康复的人员，应当自收到责令社区康复决定书之日起 15 日内到户籍所在地或者现居住地乡（镇）人民政府、城市街道办事处报到，签订社区康复协议。

被责令接受社区康复的人员拒绝接受社区康复或者严重违反社区康复协议，并再次吸食、注射毒品被决定强制隔离戒毒的，强制隔离戒毒不得提前解除。

在社区康复的戒毒人员，可以自愿选择回到戒毒康复场所执行吗？

育儿案例

经过两年的强制隔离戒毒，亮亮已戒掉了毒瘾，于是便转为社区康复。但回家没多久，之前引诱他吸毒的“朋友”又来找他，亮亮自知这两年来的戒毒遭受了不少痛苦，便强忍住复吸的欲望拒绝了“朋友”。亮亮将此事告知父母，经过慎重考虑，全家人一致同意让亮亮继续到戒毒康复中心接受治疗，直至完全康复。那么，社区康复的戒毒人员，可以选择到戒毒康复中心执行吗?

依法解析

社区康复的戒毒人员，可以选择回到戒毒康复中心执行。依据我国《戒毒条例》第三十七条规定：“社区康复在当事人户籍所在地或者现居住地乡（镇）人民政府、城市街道办事处执行，经当事人同意，也可以在戒毒康复场所中执行。”由此可知，对解除强制隔离戒毒的人员，社区康复的执行地可以是其现居住地或其户籍所在地的乡（镇）人民政府、城市街道办事处，也可以是戒毒康复场所，当事人可以根据自身的实际情况选择执行地。

在本案中，亮亮已经由强制隔离戒毒转为社区康复，为了能够断绝不良环境的影响，可以经本人同意后选择回到康复中心执行。

条文在线

《戒毒条例》

第三十七条 对解除强制隔离戒毒的人员，强制隔离戒毒的决定机关可以责令其接受不超过3年的社区康复。

社区康复在当事人户籍所在地或者现居住地乡（镇）人民政府、城市街道办事处执行，经当事人同意，也可以在戒毒康复场所中执行。

对强制隔离戒毒决定不服，可以通过什么方式寻求法律维权？

育儿案例

高考后的暑假是每个高考学子的梦想假期，小黄一结束高考便与同学一起到外地旅游。然而，在南方某镇的一个小酒吧里，小黄在没有任何防备心的情况下接受了陌生人的香烟，尝试后就欲罢不能。之后，又几次向陌生人购买香烟，慢慢才意识到自己好像已经染上毒瘾，赶忙报了案。随即，公安机关对小黄作出了强制隔离戒毒的决定。但是，小黄及其父母认为，小黄本人没有吸毒成瘾到需要强制隔离戒毒的程度。那么，对于这种情况，小黄可以通过什么方式寻求法律维权？

依法解析

吸毒人员及其家属对公安机关作出的强制隔离决定不服时，是可以依法寻求法律维权的。依据我国《禁毒法》第四十条第二款规定，被决定人对公安机关作出的强制隔离戒毒决定不服的，可以依法申请行政复议或者提起行政诉讼。由此可见，如果当事人不能接受公安机关强制隔离戒毒决定的，可以通过申请行政复议或者提起行政诉讼的方式维护自己的合法权益。

在本案例中，小黄及其父母对于公安机关作出的隔离戒毒决定不服，可以通过行政复议或行政诉讼来依法维权，由行政复议机关或者人民法院最终决定戒毒场所。

条文在线

《中华人民共和国禁毒法》

第四十条 公安机关对吸毒成瘾人员决定予以强制隔离戒毒的，应当制作强制隔离戒毒决定书，在执行强制隔离戒毒前送达被决定人，并在送达后二十四小时以内通知被决定人的家属、所在单位和户籍所在地公安派出所；被决定人不讲真实姓名、住址，身份不明的，公安机关应当自查清其身份后通知。

被决定人对公安机关作出的强制隔离戒毒决定不服的，可以依法申请行政复议或者提起行政诉讼。

未成年人吸毒能不强制隔离戒毒吗？

育儿案例

军军从小是一个非常听话的孩子，15 岁那年，在跟朋友的一次聚会中接触到了毒品，从此沾染上了毒瘾。军军沉迷于吸食毒品的感觉，一开始是花自己的零用钱偷着买，零用钱用光之后，便偷偷拿了妈妈的金首饰出去卖钱。军军的父母以为家里遭到窃贼便报了警，经调查发现军军吸毒成瘾。公安机关决定立即采取强制戒毒措施，后发现军军还未满 16 周岁。那么，吸毒的未成年人可以不使用强制隔离戒毒吗？

依法解析

根据我国《禁毒法》第三十九条第一款的规定可知，16 周岁以下的未成年人可以不采用强制隔离戒毒。同时，该条第二款规定，不适用强制隔离戒毒的吸毒成瘾人员，依照本法规定进行社区戒毒。因此，即使不采用强制隔离戒毒，对于吸毒成瘾的未成年人，也应当通过社区戒毒监督其戒除毒瘾。

在本案中，因为军军的年龄不满 16 周岁，可以不采用强制隔离戒毒，但为了帮助其戒除毒瘾，军军还是要接受社区戒毒。

条文在线

《中华人民共和国禁毒法》

第三十九条　怀孕或者正在哺乳自己不满一周岁婴儿的妇女吸毒成瘾的，不适用强制隔离戒毒。不满十六周岁的未成年人吸毒成瘾的，可以不使用强制隔离戒毒。

对依照前款规定不适用强制隔离戒毒的吸毒成瘾人员，依照本法规定进行社区戒毒，由负责社区戒毒工作的城市街道办事处、乡镇人民政府加强帮助、教育和监督，督促落实社区戒毒措施。

收受戒毒人员钱财，违法吗？

育儿案例

小明因为吸毒被送进强制隔离戒毒所，由于戒毒的过程非常痛苦，他表现得非常抗拒。父母每次来探视后都十分心疼，并说会帮他找人说情，对他手下留情。于是，夫妻俩通过熟人交给主管干警一万元红包，请他对小明多加照顾。这天，小明又因为不配合戒毒治疗，被这名干警严肃批评了一顿，小明随即大喊大叫道：“你都收了我爸妈的红包，还敢教育我？把钱还给我！”由此东窗事发。那么，这名工作人员需要承担怎样的法律责任？强制戒毒场所工作人员存在哪些行为，是需要承担相应法律责任的？

依法解析

根据法律规定，主管机关应当对这名干警给予相应处分，如果构成犯罪，需要依法追究其受贿罪的刑事责任。

我国《戒毒条例》第四十五条规定了七类行为，对于侮辱、虐待、体罚强制隔离戒毒人员，收受、索要财物，擅自使用、损毁、处理没收或者代为保管的财物等其他徇私舞弊、玩忽职守、不履行法定职责的行为，如果强制隔离戒毒场所的工作人员存在其中任何一种，就需要依法承担相应的法律责任。在本案中，工作人员收受戒毒人员的红包，显然违反了《戒毒条例》的规定，因此，应当受到相应的处分并承担相应的法律责任。

条文在线

《戒毒条例》

第四十五条 强制隔离戒毒场所的工作人员有下列行为之一的，依法给予处分；构成犯罪的，依法追究刑事责任：

（一）侮辱、虐待、体罚强制隔离戒毒人员的；

（二）收受、索要财物的；

（三）擅自使用、损毁、处理没收或者代为保管的财物的；

（四）为强制隔离戒毒人员提供麻醉药品、精神药品或者违反规定传递其他物品的；

（五）在强制隔离戒毒诊断评估工作中弄虚作假的；

（六）私放强制隔离戒毒人员的；

（七）其他徇私舞弊、玩忽职守、不履行法定职责的行为。

第四节 未成年犯管教法律常识

未成年犯管教所的收纳对象有哪些？

育儿案例

小宗约未成年的小勇、小飞三人在某火锅店吃饭，邻座李某对他们不停抽烟进行制止，三人不服，从口角争执爆发肢体冲突，三人用啤酒瓶砸伤李某头部。经司法鉴定，李某所受伤害属于轻伤一级，因此，三人均因犯聚众斗殴罪被人民法院判处有期徒刑三年。小宗被送进监狱，而小勇和小飞则因只有16周岁，被送进了未成年犯管教所。那么请问，未成年犯管教所的收纳对象有哪些？

依法解析

未成年犯是指实施被指控的犯罪时已满14周岁不满18周岁的罪犯，对未成年犯我国实行分别关押、分类管理制度，并设立了未成年犯管教所。未成年犯管教所是国家执行刑罚的机构之一，也属于广泛意义上的监狱，但其收纳对象一般是未满18周岁的未成年人。

首先，依据我国《未成年犯管教所管理规定》第二条规定，未成年犯管教所是监狱的一种类型，是国家的刑罚执行机关。由人民法院依法判处有期徒刑、无期徒刑的未满18周岁的罪犯应当在未成年犯管教所执行刑罚、接受教育改造；其次，《未成年犯管教所管理规定》第十三条规定，对年满18周岁的罪犯不予收监。由此可见，未成年犯管教所的收纳对象是被判处有期徒刑或者无期徒刑的未成年人，不包括年满18周岁以上的罪犯。

对于刑期尚未结束的未成年犯在未成年犯管教所接受教育改造期间成年，是继续留在未成年犯管教所接受教育改造还是转向监狱的问题，我国《未成年犯管教所管理规定》第六十四条规定，年满18周岁，余刑不满二年的罪犯，继续留在未成年犯管教所服刑。换言之，年满18周岁，余刑超过二年的未成年犯，应当转向监狱服刑。

国家之所以专门设立少管所，是对未成年犯的特殊保护，是考虑到把未成年犯和成年犯关押到一起，不利于未成年人的教育改造。在少管所，管教更侧重对未成年犯进行政治、思想、道德、文化等方面的教育，帮助其改造思想，促进其身心健康发展。

在上面的案例中，小勇和小飞在实施犯罪时属于未成年人，而且小勇和小飞被判处有期徒刑，符合未成年犯管教所的收监条件。而小宗因为在实施犯罪时已经成年，不是未成年犯管教所的收监对象。

条文在线

《未成年犯管教所管理规定》

第二条 未成年犯管教所是监狱的一种类型，是国家的刑罚执行机关。

由人民法院依法判处有期徒刑、无期徒刑未满十八周岁的罪犯应当在未成年犯管教所执行刑罚、接受教育改造。

第十三条 未成年犯管教所除依据《监狱法》第十六条、第十七条的规定执行收监外，对年满十八周岁的罪犯不予收监。

第六十四条 对于年满十八周岁，余刑不满二年继续留在未成年犯管教所服刑的罪犯，仍适用本规定。

对未成年犯可以使用手铐吗？

育儿案例

小磊因在未成年犯管教所与其他学员发生冲突而动手，现场不服从管教，还与管教警察郑某发生对抗，并扬言要报复郑某。见小磊如此嚣张，狱警刘某将小磊用手铐铐走。三天后，小磊的父母来探望小磊时发现了他手腕、胳膊处的伤痕，得知他曾被铐了手铐。小磊的父母认为狱警刘某对小磊使用戒具，违反了法律规定。那么请问，对未成年犯可以使用手铐吗？

依法解析

戒具主要是指手铐、脚镣、警绳、警棍等，是为制止犯罪而依法使用的专用器具，不得作为处罚犯人的手段。根据我国法律规定，对未成年犯原则上不得使用戒具，但在某些特定情形下可以使用手铐。

对此，我国《未成年犯管教所管理规定》第二十条以及《监狱法》第四十五条规定，对未成年犯原则上不使用戒具。如果未成年犯有脱逃行为、使用暴力行为、正在押解途中或者未成年犯有其他危险行为需要采取防范措施的，可以使用手铐。

根据上述规定可知，因未成年犯使用暴力行为而对其使用手铐，在时间限度上不要求未成年犯持续使用暴力，而是未成年犯一旦有了使用暴力的行为，干警就可以对其使用手铐。而当未成年犯停止实施暴力并且继续实施暴力伤害到他人的可能性消除时，应当立即停止使用手铐。

具体到上面的案例中，小磊在未成年犯管教所与其他学员打架，属于存在暴力行为。因此，狱警对小磊使用手铐并没有违反相关的实体法规范。

条文在线

《未成年犯管教所管理规定》

第二十条 对未成年犯原则上不使用戒具。如遇有监狱法第四十五条规定的情形之一时，可以使用手铐。

《中华人民共和国监狱法》

第四十五条 监狱遇有下列情形之一的，可以使用戒具：

（一）罪犯有脱逃行为的；

（二）罪犯有使用暴力行为的；

（三）罪犯正在押解途中的；

（四）罪犯有其他危险行为需要采取防范措施的。

前款所列情形消失后，应当立即停止使用戒具。

能随便对未成年犯进行采访、报道吗？

育儿案例

黄某为获取非法利益长期组织未成年人在S省C市运输、贩卖毒品。为了控制这些未成年人，黄某长期对他们进行殴打、虐待并强迫他们吸食毒品，小丘和小嘉就因无力逃脱，只得跟着黄某一起运输、贩卖输毒品，后被判刑。由于这起案件引起了极高的社会关注度，不少媒体希望通过采访小丘和小嘉，获取更多的案件细节，以避免更多的未成年人被犯罪分子控制和利用。那么请问，媒体可以随便对未成年犯进行采访、报道吗？

依法解析

媒体经过一定的程序可以对未成年犯进行采访、报道，但不得披露未成年犯的姓名、住所、照片等资料，也不得披露未成年犯的隐私。依据我国《未成年犯管教所管理规定》第二十四条第二款的规定，对未成年犯的采访、报道，须经省、自治区、直辖市监狱管理局批准，且不得披露其姓名、住所、照片及可能推断出该未成年犯的资料。任何组织和个人不得披露未成年犯的隐私。例如，在采访、报道的时候使用化名，将他们的声音做变声处理，将他们的照片打上马赛克，不提供和暗示任何能够推断出未成年犯身份的资料等。

媒体出于新闻报道和犯罪预防等目的，难免需要对未成年犯罪案件进行报道，但是对未成年犯个人隐私的保护，又是未成年犯洗心革面、重新开始的重要前提，因此，法律专门进行了限制。未成年犯是一个特殊的群体，在现行的法律和政策框架下，对未成年犯采取教育、感化、保护和关爱的举措，对于帮助他们迷途知返，避免他们再次犯罪，或者警示未成年人远离不良行为具有积极作用。

在上面的案例中，媒体在经过S省监狱管理局的批准后，可以对小丘和小嘉进行采访、报道。

条文在线

《未成年犯管教所管理规定》

第二十四条　第二款　对未成年犯的采访、报道，须经省、自治区、直辖市监狱管理局批准，且不得披露其姓名、住所、照片及可能推断出该未成年犯的资料。任何组织和个人不得披露未成年犯的隐私。

未成年犯回家探亲有何规定？

育儿案例

15岁的小易采取持刀威胁、恐吓等手段抢劫被害人的财物，因抢劫罪被判处有期徒刑7年6个月，并被送到未成年犯管教所服刑。自从服刑之后，小易已经四年没有和家人一起吃团圆饭了。眼看第

五个春节即将来临，小易服刑时间也已经超过了原判刑期一半。那么请问，小易今年能要求回家过年吗？

依法解析

未成年犯可以回家探亲，有两种形式，一是奖励性离监探亲，二是特许离监探亲。

我国《未成年犯管教所管理规定》第六十条规定，被判处有期徒刑的未成年犯执行原判刑期超过三分之一，且改造期间一贯表现良好，离所后不致危害社会的，可以离所探亲；此即奖励性离监探亲。此外，依据《未成年犯管教所管理规定》第十六条、第二十三条的规定，未成年犯改造期间表现良好的，在离所探亲方面会给予优待。未成年犯直系亲属（祖父母、外祖父母、父母）病重、死亡或者家庭遭遇重大变故时，未成年犯经所长批准，可以回家探亲；此即特许离监探亲。无论是奖励性离监探亲还是特许离监探亲，探亲时间都不得超过七天（不计算在途时间）。

在上面的案例中，小易服刑期间一贯表现良好，而且已经执行的刑期超过原判决刑期的三分之一，可以回家探亲，探亲的期限为五至七天，且必须由其父母或者其他监护人接送。

条文在线

《未成年犯管教所管理规定》

第十六条 未成年犯管教所按照未成年犯的刑期、犯罪类型，实行分别关押和管理。根据未成年犯的改造表现，在活动范围、通信、会见、收受物品、离所探亲、考核奖惩等方给予不同的处遇。

第二十三条 未成年犯遇有直系亲属病重、死亡以及家庭发生其他重大变故时，经所长批准，可以准许其回家探望及处理，在家期限最多不得超过七天，必要时由人民警察护送。

第六十条 对被判处有期徒刑的未成年犯在执行原判刑期三分之一以上，服刑期间一贯表现良好，离所后不致再危害社会的，未成年犯管教所可以根据情况准其离所探亲。

第六十一条 未成年犯被批准离所探亲的时间为五至七天（不包括在途时间），两次探亲的间隔时间至少在六个月以上。离所探亲的未成年犯必须由其父母或者其他监护人接送。

第五节 社区矫正法律常识

什么是社区矫正？哪些情形适用社区矫正？

育儿案例

小凡的父母在他很小的时候就离开老家到外地工作，小凡一直在老家读书、生活，由奶奶独自带大。因成长过程父母陪伴的缺失，小凡高中住校后更觉得孤独，结识的都是学校里的一些“不良学生”，通过他们认识了一些社会上的混混，并在这些人的鼓动下，向他人售卖毒品。最终小凡被认定为贩卖毒品罪，因获罪时未满18周岁，当地人民法院对其进行减轻处罚，判处有期徒刑三年，缓刑四年。缓刑期限内由小凡所在县的司法局对其执行社区矫正监管工作。那么，什么是社区矫正？哪些情形应当适用社区矫正？

依法解析

社区矫正是一种非监禁的刑罚执行方式，是指将符合条件的罪犯放置于社区内，由专门国家机关在相关社会团体和民间组织及社会志愿者的协助下，在一定期限内，矫正罪犯的犯罪心理和行为恶习，并促进其顺利回归社会的非监禁刑罚执行活动。

社区矫正的对象主要包括被判处管制、宣告缓刑、裁定假释和暂予监外执行的罪犯，通过社区矫正，来实现对罪犯的教育改造。

以上的案例中，小凡因贩卖毒品罪被判处有期徒刑三年，缓刑四年。在对小凡进行社区矫正的四年内，负责执行工作的人员应当贯彻教育为主、惩罚为辅的方针，结合小凡未成年人的特点，制定个性化的社区矫正方案，通过多种方式，了解和掌握小凡的生活和学习情况，加强对小凡的思想教育，帮助其建立健康心态和正确的社会认知，避免其重新犯罪，保证其顺利度过矫正期，重新回归社会。

条文在线

《中华人民共和国社区矫正法》

第二条 对被判处管制、宣告缓刑、假释和暂予监外执行的罪犯，依法实行社区矫正。

对社区矫正对象的监督管理、教育帮扶等活动，适用本法。

社区矫正不是被监禁，那么能随便离开居住地吗？

育儿案例

小涛和父母生活在A市，16岁时辍学在家后，因多次和一些无业人员一起盗窃，公安机关依法将小涛抓获。最后，当地人民法院将小涛的行为认定为盗窃罪，并判处一年的管制刑期，依法执行社区矫正，交由A市某区的司法所执行。在小涛入矫以来，司法所工作人员多次发现他存在未经请假，擅自离开A市的情况。工作人员就小涛存在违反社区矫正管理规定的行为，对他进行了训诫。那么，社区矫正虽不是被监禁，能随便外出吗？

依法解析

管制、宣告缓刑、假释和暂予监外执行等刑罚种类，虽然对罪犯不进行关押，但是也不意味着完全的自由，罪犯应当积极配合社区矫正机构的管理，遵守法律规定，服从日常监管。

依据《社区矫正法》及相关规定，社区矫正对象应当及时到社区矫正机构报到，遵守关于报告、会客、外出、迁居、保外就医等监督管理规定，服从社区矫正机构的管理，没有特殊情况且未经批准不得离开所居住的市、县，否则执行机构会依法给予训诫、警告或提请公安机关依法给予治安管理处罚；情节严重的，还有可能会依法收监。

在上面的案例中，小涛被判处一年的管制后，应当认清自己仍处于刑事处罚中，认真悔过，珍惜相对自由的服刑环境，服从社区矫正机构的管理，遵守《社区矫正法》的规定，外出前应向社区矫正机构报告，得到批准后才能离开 A 市。

条文在线

《中华人民共和国社区矫正法》

第二十一条　第一款　人民法院判处管制、宣告缓刑、裁定假释的社区矫正对象，应当自判决、裁定生效之日起十日内到执行地社区矫正机构报到。

第二十三条　社区矫正对象在社区矫正期间应当遵守法律、行政法规，履行判决、裁定、暂予监外执行决定等法律文书确定的义务，遵守国务院司法行政部门关于报告、会客、外出、迁居、保外就医等监督管理规定，服从社区矫正机构的管理。

《中华人民共和国社区矫正法实施办法》

第二十四条　第一款　社区矫正对象应当按照有关规定和社区矫正机构的要求，定期报告遵纪守法、接受监督管理、参加教育学习、公益活动和社会活动等情况。发生居所变化、工作变动、家庭重大变故以及接触对其矫正可能产生不利影响人员等情况时，应当及时报告。被宣告禁止令的社区矫正对象应当定期报告遵守禁止令的情况。

第二十六条　第一款　社区矫正对象未经批准不得离开所居住市、县。确有正当理由需要离开的，应当经执行地县级社区矫正机构或者受委托的司法所批准。

被依法决定执行社区矫正，就不会再被关押了吗？

育儿案例

大力因犯非法持有毒品罪，被B市新华区人民法院判处有期徒刑一年，缓刑两年，依法执行社区矫正，由B市新华区司法所作为矫正机构，对其进行监管。自大力接受社区矫正开始，认罪意识不强，矫正态度差，行为放纵散漫。三个月内，他接连两次在参加矫正教育活动时无故迟到，司法所对其进行教育并给予两次警告处分；半年以后，又因吸食毒品被B市公安机关处罚，司法所再次给予他警告处分。鉴于大力在社区矫正期间受到了三次警告，并受到了公安机关的行政处罚，请问，他可能被关押吗？

依法解析

社区矫正是非常严肃的，社区矫正对象应当认识到自己的特殊身份，端正态度，服从矫正机构的监管，否则如果因为违反监管规则或法律规定，且情节严重的，矫正机关会依法向人民法院提出收监执行的建议。

社区矫正是一种相对自由的刑罚处罚方法，对罪犯不需要进行收监，只是通过矫正机构监管和教育的方式，对罪犯进行改造。相比较监禁的刑罚来说，社区矫正的惩罚性不高，但也不意味着完全不具备惩罚功能。

上面的案例中，小亮在两年的缓刑期间，应当认清自己的特殊身份，按时报到，其间不得脱离监管，更要遵纪守法，不得违反禁止令，不得违反其他有关法律、行政法规和监督管理规定。然而，小亮不珍惜社区矫正的机会，数次违反规定，甚至还吸食毒品，情节十分恶劣，执行矫正的司法所为捍卫法律尊严，应当依据《社区矫正法》的规定，向人民法院提请撤销小亮的缓刑，对其进行收监执行。

条文在线

《中华人民共和国社区矫正法实施办法》

第四十条　第二款　社区矫正机构发现社区矫正对象有撤销缓刑、撤销假释或者暂予监外执行收监执行的法定情形的，应当组织开展调查取证工作，依法向社区矫正决定机关提出撤销缓刑、撤销假释或者暂予监外执行收监执行建议，并将建议书抄送同级人民检察院。

未成年社区矫正对象的父母不履行监护职责违法吗？

育儿案例

17周岁的小成因犯抢夺罪，被A市某区人民法院判处一年零六个月有期徒刑，缓刑两年，由小成住所地的区司法所对其进行社区矫正。小成的父母因此对他彻底失望，任凭其自生自灭，即使夜不归宿也不管不问，致使小成叛逆心理更强。区司法所了解情况后，向小成的父母发出《督促监护令》，要求他们依法履行监护职责，承担抚养、管教的义务。那么，小成的父母作为未成年社区矫正对象的监护人，不履行监护职责也违法吗?

依法解析

未成年社区矫正对象，是指接受矫正时年满14周岁未满18周岁的未成年人。

这一年龄阶段的未成年人，法律意识淡薄，对社会认知能力不强，需要监护人对其进行正确的引导和必要的监管。《社区矫正法》第七章对未成年人社区矫正进行了特别规定，其中就包括对未成年社区矫正对象的监护人应当履行监护责任，承担抚养、管教等义务的规定。

未成年社区矫正对象的监护人，应当深刻反思在平时管教孩子方面存在的问题，在社区矫正期间，应当密切关注孩子的心理健康状况和情感方面的需要，监督孩子的言行，确保孩子能够遵守监管规定和《社区矫正法》的规定，切实履行抚养、管教的职责。监护人拒不履行监护职责，会被有关部门依法作出处理。

在上面的案例中，小成的父母明显怠于履行监护责任，存在管教不严、监护缺位问题。《督促监护令》旨在以法治力量督促监护人依法履行监护责任，确有必要时，责令监护人接受家庭教育指导，目的是督促家长发挥家庭监管作用，帮助小成回归社会。

条文在线

《中华人民共和国社区矫正法》

第五十三条 未成年社区矫正对象的监护人应当履行监护责任，承担抚养、管教等义务。

监护人怠于履行监护职责的，社区矫正机构应当督促、教育其履行监护责任。监护人拒不履行监护职责的，通知有关部门依法作出处理。

接受社区矫正的未成年人，个人信息应当被依法保密吗？

育儿案例

一次，小吴跟“大哥”外出吃饭，其间，大哥挑逗邻桌的女孩被拒绝，便与对方发生了肢体冲突，女孩一方三人被打伤。此事社会影响恶劣，小吴等人均被认定为寻衅滋事罪。小吴虽未成年但因参与动手，被处以缓刑，接受社区矫正。父母此时对于没有好好管教儿子感到很自责，尤其觉得儿子年龄还小，如果被记录在案，担心会给儿子今后的生活带来很大影响。那么，接受社区矫正的未成年人，其个人信息应当被保密吗？

依法解析

未成年人处于生长和发育阶段，心理状况尚不成熟，可能由于一时冲动或受人误导作出违法的事情。然而，未成年人未来的人生道路还很长，不能因为一个污点给其以后的生活带来巨大困扰。基于对未成年人的保护，我国《社区矫正法》第五十四条规定，未成年社区矫正对象的身份信息会被保密，除司法机关办案需要或者有关单位根据国家规定查询外，其档案信息不得提供给任何单位或者个人。即便依法可以查询，也应当对获得的信息予以保密。

由此可知，我国在未成年社区矫正对象的身份管理上是有特别保护的，对其矫正情况和个人档案信息均不予公开。此外，我国《社区矫正法实施办法》第五十五条第二款和我国《刑事诉讼法》第二百七十五条也有相关规定，应当对未成年人犯罪记录予以保密。

在本案中，小吴作为接受社区矫正的未成年人，其档案是被依法保密的，不会对社会进行公开。

条文在线

《中华人民共和国社区矫正法》

第五十四条 社区矫正机构工作人员和其他依法参与社区矫正工作的人员对履行职责过程中获得的未成年人身份信息应当予以保密。

除司法机关办案需要或者有关单位根据国家规定查询外，未成年社区矫正对象的档案信息不得提供给任何单位或者个人。依法进行查询的单位，应当对获得的信息予以保密。

《中华人民共和国社区矫正法实施办法》

第五十五条 第二款 社区矫正机构、司法所对未成年社区矫正对象的相关信息应当保密。对未成年社区矫正对象的考核奖惩和宣告不公开进行。对未成年社区矫正对象进行宣告或者处罚时，应通知其监护人到场。

《中华人民共和国刑事诉讼法》

第二百八十六条 犯罪的时候不满十八周岁，被判处五年有期徒刑以下刑罚的，应当对相关犯罪记录予以封存。

犯罪记录被封存的，不得向任何单位和个人提供，但司法机关为办案需要或者有关单位根据国家规定进行查询的除外。依法进行查询的单位，应当对被封存的犯罪记录的情况予以保密。

未成年人在接受社区矫正期间，还能到学校继续上课吗？

育儿案例

小张15岁正在上初中，一天放学回家，小张看见邻居老黄正对着奶奶破口大骂，他跑上前便与老黄理论。老黄是村里有名的二混子，见到小张劝阻便蛮不讲理还说了一些很难听的话。小张顿时火冒三丈，拿起手边的一根铁棍向老黄头部砸去。老黄被打成重伤，小张因故意伤害罪被判处两年有期徒刑缓期三年执行，需要接受社区矫正。小张想知道自己接受社区矫正期间，还能到学校继续上课吗？

依法解析

受教育权是我国每名未成年人的合法权益，接受刑事处罚的未成年人也不例外。我国《社区矫正法》第五十五条第一款明确规定，对未完成义务教育的未成年社区矫正对象，社区矫正机构应当通知并配合教育部门为其完成义务教育提供条件。由此可知，在未成年人接受社区矫正期间，如果未完成义务教育阶段的学习，矫正部门应当积极联系和配合学校，保证未成年人完成义务教育，学校不得因社区矫正拒绝未成年人入学就读。

同时，依据我国《社区矫正法实施办法》第四十五条的规定，社区矫正机构等相关部门，有协助在就学方面遇到困难的社区矫正对象解决问题的义务，以帮助未成年人接受良好的教育，从而达到预防犯罪、回归社会的目的。

在本案中，小张虽然正在接受社区矫正，但是依然享有受教育权，可以到学校继续读书，其就读学校不得因此拒绝小张入学，如果小张在就学方面遇到困难，学校还应当为其提供帮助。

条文在线

《中华人民共和国社区矫正法》

第五十五条 对未完成义务教育的未成年社区矫正对象，社区矫正机构应当通知并配合教育部门为其完成义务教育提供条件。未成年社区矫正对象的监护人应当依法保证其按时入学接受并完成义务教育。

年满十六周岁的社区矫正对象有就业意愿的，社区矫正机构可以协调有关部门和单位为其提供职业技能培训，给予就业指导和帮助。

《中华人民共和国社区矫正法实施办法》

第四十五条 执行地县级社区矫正机构、受委托的司法所依法协调有关部门和单位，根据职责分工，对遇到暂时生活困难的社区矫正对象提供临时救助；对就业困难的社区矫正对象提供职业技能培训和就业指导；帮助符合条件的社区矫正对象落实社会保障措施；协助在就学、法律援助等方面遇到困难的社区矫正对象解决问题。

解除社区矫正的未成年人，升学、就业是否会受到影响？

育儿案例

天天是一个非常内向的男孩子。升入初二年级后，放学时总是有一群男孩无缘无故的来欺负天天，还经常拍摄一些视频放到网上。天天终于忍无可忍，就买了一把水果刀放在身上，心想谁再来欺负自己就与他同归于尽。这天放学后，果然几人又无缘无故来对他进行围堵挑衅。天天因为用水果刀将打人者扎成重伤，被法院以故意伤害罪判处缓刑。接受社区矫正后，天天对自己的未来感到迷茫，他还想继续上学读书，以后参加高考。那么，当未成年人解除社区矫正后，其升学、就业是否会受到影响？

依法解析

为了促进未成年人顺利回归社会，我国通过法律对未成年人解除社区矫正以后的升学和工作问题作出了保障。我国《社区矫正法》第五十七条规定，未成年社区矫正对象在复学、升学、就业等方面依法享有与其他未成年人同等的权利，任何单位和个人不得歧视。由此可知，任何学校和单位都不得歧视接受过社区矫正的未成年人，而且未成年人可以同其他人一样继续求学，完成自己的学业。

此外，我国《预防未成年人犯罪法》第四十八条和我国《刑法》第一百条也作出了相关规定，保证了未成年人在复学、升学、就业等方面与其他未成年人享有同等权利，不受歧视，从而使未成年人能够放下心理包袱，安心接受改造。

在本案中，天天不必为接受了社区矫正而感到迷茫，如果他以后想继续求学，可以正常参加高考和求职，不会受到社区矫正的影响。

条文在线

《中华人民共和国社区矫正法》

第五十七条 未成年社区矫正对象在复学、升学、就业等方面依法享有与其他未成年人同等的权利，任何单位和个人不得歧视。有歧视行为的，应当由教育、人力资源和社会保障等部门依法作出处理。

《中华人民共和国预防未成年人犯罪法》

第四十八条 依法免予刑事处罚、判处非监禁刑罚、判处刑罚宣告缓刑、假释或者刑罚执行完毕的未成年人，复学、升学、就业等方面与其他未成年人享有同等权利，不受歧视。

《中华人民共和国刑法》

第一百条 依法受过刑事处罚的人，在入伍、就业的时候，应当如实向有关单位报告自己曾受过刑事处罚，不得隐瞒。

犯罪的时候不满十八周岁被判处五年有期徒刑以下刑罚的人，免除前款规定的报告义务。

未成年人与成年人接受社区矫正要分开进行吗?

育儿案例

15岁的小刚读初三，身材高大、体格健壮，已经长成了男子汉的样子。小刚很喜欢同班的小美，经常悄悄护送她回家。这天，小美在路上碰到了两个社会青年，挑逗小美拦着不让走。小刚见状上前抄起一块大石头就向其中一人头部砸去，将其砸成重伤。之后小刚被判处缓刑，需要接受社区矫正。小刚的父母很担心，如果儿子跟成年犯一起接受矫正，长期接触是不是会对儿子造成影响。那么，在社区矫正时，未成年犯和成年犯需要分开进行矫正吗?

依法解析

社区矫正机构对未成年人改造坚持教育与惩罚相结合的基本原则，并且应当以教育为主，矫正未成年罪犯的一些不良行为和心理，帮助他们改正现有的问题，以更好地适应社会生活。我国《社区矫正法》第五十二条第三款明确规定："对未成年人的社区矫正，应当与成年人分别进行。"由此可知，未成年社区矫正对象需要与成年社区矫正对象分开进行管理和教育。如果将未成年矫正对象与成年人矫正对象放在一起，无法有针对性的对未成年人开展教育，也容易使未成年人受到成年人的一些不良影响，使其受到二次"污染"，反而不利于未成年人顺利回归社会。

在本案中，小刚的父母不用过度担心，按照法律规定，社区矫正机构对未成年人的管教是与成年人分开进行的。

条文在线

《中华人民共和国社区矫正法》

第五十二条　第三款　对未成年人的社区矫正，应当与成年人分别进行。

第七章

孕期时段

作为一位准妈妈，其在怀孕之初，就已经渐入母亲的角色。那么，如果让准妈妈从孕产期就开始了解与怀孕、生产相关的法律知识，不仅可以帮助其知权维权，给自己减少一些法律问题带来的焦虑，也能助力于其日后的带娃生活。本章主要涉及劳动（职场）、婚姻及就医方面的与孕妇权益相关的法律知识，具体法律涉及《劳动法》《劳动合同法》《女职工劳动保护特别规定》《民法典》等法律法规。

第一节　孕产期劳动法律常识

企业能因为女职工要三胎而与其解除劳动合同吗？

育儿案例

温某是某公司的行政专员，丈夫则自己开办了一家网络服务公司。温某和丈夫育有两个儿子，大儿子就读初中，小儿子正在读小学。眼看着丈夫的生意越来越好，二人生活越来越富裕，夫妻就打算响应国家政策，生个三胎。不久后，温某果然如愿怀孕，可公司一听却要与她解除劳动合同。请问：企业可以因为女职工要三胎而与其解除劳动合同吗？

依法解析

劳动者和用人单位的劳动合同期满前，如果劳动者未提出辞职，用人单位单方无故解除劳动合同，为违法解除。而且，依据《劳动合同法》第四十二条的规定："劳动者有下列情形之一的，用人单位不得依照本法第四十条、第四十一条的规定解除劳动合同：……（四）女职工在孕期、产期、哺乳期的……"也就是说，不管劳动者是否怀孕，在劳动者未违反相关规定、劳动纪律等前提下，用人单位不能单方随意解除劳动合同。如果劳动者处于孕期，那么不管劳动合同是否到期，用人单位均不能单方解除。

案例中，温某生育三胎未违反国家政策和相关规定，而是在依法行使其生育权，怀孕后，用人单位与其解除劳动合同是违法的，温某可以通过劳动监察、仲裁等合法途径维护自己的权益。

条文在线

《中华人民共和国劳动合同法》

第四十条　有下列情形之一的，用人单位提前三十日以书面形式通知劳动者本人或者额外支付劳动者一个月工资后，可以解除劳动合同：

（一）劳动者患病或者非因工负伤，在规定的医疗期满后不能从事原工作，也不能从事由用人单位另行安排的工作的；

（二）劳动者不能胜任工作，经过培训或者调整工作岗位，仍不能胜任工作的；

（三）劳动合同订立时所依据的客观情况发生重大变化，致使劳动合同无法履行，经用人单位与劳动者协商，未能就变更劳动合同内容达成协议的。

第四十二条 劳动者有下列情形之一的，用人单位不得依照本法第四十条、第四十一条的规定解除劳动合同：

…………

（四）女职工在孕期、产期、哺乳期的；

…………

怀孕女职工劳动合同到期，单位可以拒绝续签吗？

育儿案例

冯某是某奢侈品公司的销售员，自毕业后就一直在该公司工作，业绩突出，多次被评为优秀员工。她在结婚后，公司曾希望她能晚两年要孩子。但是冯某觉得单位不能因为怕影响工作就让自己成为“高龄产妇”。于是，冯某婚后不久便怀孕，正巧赶到劳动合同到期，单位便告知她合同到期后不再续签。请问：怀孕女职工劳动合同到期，企业可以拒绝续签吗？

依法解析

怀孕女职工劳动合同到期的，用人单位应该将劳动合同延续至孕期、产期、哺乳期结束后终止，不能以合同到期为由拒绝续签劳动合同。

对此，《劳动合同法》第四十五条规定：“劳动合同期满，有本法第四十二条规定情形之一的，劳动合同应当续延至相应的情形消失时终止。……”而该法第四十二条规定，女职工在孕期、产期、哺乳期的，用人单位不得依照本法第四十条、第四十一条的规定解除劳动合同。据此，女职工在孕期、产期、哺乳期的，即便劳动合同到期，用人单位也不能拒绝续签劳动合同，双方的劳动合同应续延至该情形消失时止。

案例中，用人单位不能以合同到期为由与怀孕中的冯某解除劳动关系，如果用人单位单方解除劳动合同的，要给予冯某经济赔偿金，如果因此给冯某造成其他保险待遇损失的，还应该赔偿相应损失。

条文在线

《中华人民共和国劳动合同法》

第四十五条 劳动合同期满，有本法第四十二条规定情形之一的，劳动合同应当续延至相应的情形消失时终止。但是，本法第四十二条第二项规定丧失或者部分丧失劳动能力劳动者的劳动合同的终止，按照国家有关工伤保险的规定执行。

在孕期，依法哪些岗位的工作应避免？

育儿案例

安某是一家公司的市场调查员，除了在办公室整理数据以外，还需要和同事一起外出做市场调研。两个月前，安某发现自己怀孕了，她觉得自己年轻，外出调研也无妨，便未向领导提出异议。可是后来有一个要到矿山进行调研的项目，孕晚期的安某向公司提出自己作为孕妇不适合从事这样的工作，但是公司却要求她跟进这个项目。请问，企业不得给怀孕女职工安排从事哪些类型的岗位?

依法解析

依据我国《劳动法》第六十一条规定，用人单位不得安排女职工在怀孕期间从事国家规定的第三级体力劳动强度的劳动和孕期禁忌从事的劳动。同时，《女职工劳动保护特别规定》附录第三项，对于女职工在孕期禁忌从事的劳动范围作出了明确的规定。上述规定是为了保护女性在孕期的特殊权益，不管是基于法律的强制性规定，还是对于女性职工的人道主义保护，各用人单位均应该严格遵守，不得强制安排女职工在孕期从事上述劳动。

案例中，安某系一个孕晚期的女职工，到矿山调研是需要频繁弯腰、下蹲的工作，属于《女职工劳动保护特别规定》附录第三项明确规定的女职工在孕期禁忌从事的劳动范围，因此，用人单位安排安某从事这样性质的工作是违法的。在此提醒孕期女性职工，对于用人单位一些不合理的工作要求，要懂得拒绝，依法维护自己的合法权益。

条文在线

《中华人民共和国劳动法》

第六十一条 不得安排女职工在怀孕期间从事国家规定的第三级体力劳动强度的劳动和孕期禁忌从事的劳动。对怀孕七个月以上的女职工，不得安排其延长工作时间和夜班劳动。

《女职工劳动保护特别规定》

附录：女职工禁忌从事的劳动范围

三、女职工在孕期禁忌从事的劳动范围：

（一）作业场所空气中铅及其化合物、汞及其化合物、苯、镉、铍、砷、氰化物、氮氧化物、一氧化碳、二硫化碳、氯、己内酰胺、氯丁二烯、氯乙烯、环氧乙烷、苯胺、甲醛等有毒物质浓度超过国家职业卫生标准的作业；

（二）从事抗癌药物、己烯雌酚生产，接触麻醉剂气体等的作业；

（三）非密封源放射性物质的操作，核事故与放射事故的应急处置；

（四）高处作业分级标准中规定的高处作业；

（五）冷水作业分级标准中规定的冷水作业；

（六）低温作业分级标准中规定的低温作业；

（七）高温作业分级标准中规定的第三级、第四级的作业；

（八）噪声作业分级标准中规定的第三级、第四级的作业；

（九）体力劳动强度分级标准中规定的第三级、第四级体力劳动强度的作业；

（十）在密闭空间、高压室作业或者潜水作业，伴有强烈振动的作业，或者需要频繁弯腰、攀高、下蹲的作业。

产假工资应如何结算？

育儿案例

唐某大学毕业后应聘到一家互联网公司做运营。就职一个月后，该公司就依法给她缴纳了五险一金。一年以后，唐某怀孕，分娩前，她准备休产假。公司人力部门告知她，公司会在产假期间发放生育津贴，但停发工资待遇。唐某想了解法律是这样规定的吗？那么请问，产假工资应该如何结算呢？

依法解析

生育津贴和产假工资是两个不同的概念。生育津贴是用人单位根据国家法律、法规规定，对职业妇女因生育而离开工作岗位期间，给予的生活费用，生育津贴的发放主体是社保机构。而产假工资是女职工休产假期间，公司为其发放的工资待遇。

依据《女职工劳动保护特别规定》第八条的规定，女职工产假期间的生育津贴，对已经参加生育保险的，按照用人单位上年度职工月平均工资的标准由生育保险基金支付；对未参加生育保险的，按照女职工产假前工资的标准由用人单位支付。

一般来说，如果女职工的生育津贴高于产假工资，则公司可以不再另行发放产假工资，但是如果因为某些原因导致女职工的生育津贴远远低于产假工资，用人单位则需要补差额发给女职工。如果用人单位未给女职工参加生育保险的，那么应该为其发放产假工资。

案例中，公司为唐某缴纳了生育保险，唐某正常领取生育津贴即可。在此也要提醒大家，如果超过生育津贴支付期限、未达到生育津贴领取标准或者企业未给员工缴纳生育保险，导致无法领取生育津贴的，员工可以要求企业支付产假工资。

条文在线

《女职工劳动保护特别规定》

第八条 女职工产假期间的生育津贴，对已经参加生育保险的，按照用人单位上年度职工月平均工资的标准由生育保险基金支付；对未参加生育保险的，按照女职工产假前工资的标准由用人单位支付。

女职工生育或者流产的医疗费用，按照生育保险规定的项目和标准，对已经参加生育保险的，由生育保险基金支付；对未参加生育保险的，由用人单位支付。

哺乳假和产假可以连起来一起休吗？

育儿案例

王某是某公司的员工，也是一位母亲，家中有个10岁的女儿。为了照顾孩子，她结婚后一直没有参加工作，直到孩子8岁读小学的时候她才找到了目前这份工作。结果，刚工作两年的王某最近发现自己又怀孕了，她虽不想再因生育影响工作，但是又舍不得腹中的孩子，最终，她决定留下孩子。临产前，公司给了王某100多天的产假。产假即将结束的时候，王某听说还有哺乳假可以休，于是就想产假结束后连上哺乳假。请问：哺乳假和产假可以连起来一起休吗？

依法解析

为了充分保障女性生育的权利和产后的休息，法律对女性如何休产假等进行了明确的要求，各地市对当地的具体产假期限也做出了详细规定。我国《女职工劳动保护特别规定》第七条规定，女职工生育享受98天产假。除了产假，法律对于哺乳假也进行了规定，依据《女职工劳动保护特别规定》第九条的规定可知，女性产假期满后，用人单位应当在工作日内安排不少于1小时的哺乳时间，这就是我们所称的哺乳假，该假视作工作时间，用人单位不得因此辞退、扣发工资等。

通常而言，产假结束后，女职工必然会继续哺乳婴儿，所以这两个假是连在一起的，但是，产假是完全脱离工作岗位，在家中休息，而哺乳假是产假结束回到工作岗位后，所享有的每日哺乳婴儿假期。换句话说，哺乳假只是用人单位每天给哺乳期女性职工一定的哺乳时间，并非像产假一样在家中休息。案例中的王某在产假结束后，应当回到工作岗位上；为了哺乳孩子，她可以继续享受每天一个小时的哺乳假，但无法继续在家中连续休息。

但是，如果用人单位允许女职工将哺乳假的时限一并归到产假后休，作为产假后的延长休息阶段，也是可以的。

条文在线

《女职工劳动保护特别规定》

第七条 女职工生育享受98天产假，其中产前可以休假15天；难产的，增加产假15天；生育多胞胎的，每多生育1个婴儿，增加产假15天。

女职工怀孕未满4个月流产的，享受15天产假；怀孕满4个月流产的，享受42天产假。

第九条 对哺乳未满1周岁婴儿的女职工，用人单位不得延长劳动时间或者安排夜班劳动。

用人单位应当在每天的劳动时间内为哺乳期女职工安排1小时

哺乳时间；女职工生育多胞胎的，每多哺乳 1 个婴儿每天增加 1 小时哺乳时间。

第二节　孕产期婚姻法律常识

孩子还未出生时离婚能由丈夫提出吗？

育儿案例

张某（男）和刘某（女）从小青梅竹马，一起在农村长大。张某高中毕业后考入了北京的大学，后继续读研、读博，现在在一所高校工作。刘某高中毕业后由于家境困难，没有继续求学，留在了县城工作。两人确立了恋爱关系后，刘某一直等到张某博士毕业，二人结婚。婚后不久，张某发现两人没有了共同语言，直接提出了离婚。但是刘某却发现自己已经怀孕。请问：妻子怀孕过程中，丈夫能提出离婚吗？

依法解析

法律尊重男女双方的婚姻自由权，无论结婚或是离婚，都尊重双方的自由意志。但是，基于女方和未成年人权益的保护，法律也做了一些特殊规定。依据我国《民法典》第一千零八十二条的规定，女方在怀孕期间、分娩后一年内或者终止妊娠后六个月内，男方不得提出离婚；但是，女方提出离婚或者人民法院认为确有必要受理男方离婚请求的除外。

也就是说，一般情况下，男方不能在女方怀孕期间提出离婚，而女方则可以提出。除此以外，对于一些特殊情况男方在此期间也是可以提出离婚的，例如女方系婚后与他人发生性关系而怀孕；男方的合法权益受到了女方的严重损害等。

在上面的案例中，刘某本身并无任何过错，张某是不能在她怀孕期间提出离婚的。如果张某下定决心要离婚，那也应该在刘某分娩一年后，或者终止妊娠六个月后再提出，否则，法院并不会受理张某的离婚请求。女性在妊娠和分娩后的阶段是很脆弱的时期，法律保护她们此时期在婚姻方面的“优势地位”。女性朋友应知晓这一权利，必要时要予以充分把握。

条文在线

《中华人民共和国民法典》

第一千零八十二条 女方在怀孕期间、分娩后一年内或者终止妊娠后六个月内，男方不得提出离婚；但是，女方提出离婚或者人民法院认为确有必要受理男方离婚请求的除外。

怀孕时发现丈夫出轨，妻子提出离婚，可以获得赔偿吗？

育儿案例

张某（男）和何某（女）是高中同学，大学期间确立恋爱关系，毕业后都回到了老家工作，工作稳定后，二人结婚。婚前婚后俩人都十分甜蜜，后何某怀孕，丈夫对她更是百依百顺。某日，张某应酬完回到家后倒头就睡，但是手机一直在响。何某好奇，翻看了丈夫的手机，通过微信聊天记录发现张某出轨了单位同事，这对于何某来说无异于晴天霹雳。何某备受打击，于是她提出离婚，还要求丈夫给予自己赔偿。请问：妻子怀孕时发现丈夫出轨，妻子提出离婚，可以获得赔偿吗？

依法解析

婚内出轨，包括很多种情形，根据情节的恶劣程度，我们一般可以把出轨分为四个层次，分别是暧昧、通奸、同居、重婚。而依据我国《民法典》第一千零九十一条的规定，有重婚，与他人同居，实施家庭暴力，虐待、遗弃家庭成员，或者有其他重大过错等情形而导致离婚的，无过错方有权请求损害赔偿。也就是说，离婚时无过错方请求损害赔偿的情形，并不包括与他人暧昧、通奸之类，如果仅是简单出轨，未达到“重婚”“与他人同居”的严重程度，离婚时并不能请求损害赔偿。

在上述案例中，张某在妻子怀孕期间出轨，虽然系过错方，但如果张某的行为仅是与女同事之间“暧昧”或者“通奸”，而未与该女同事同居、重婚，那么何某在离婚时并不能请求损害赔偿。当然，张某作为过错方，如果二人离婚分割夫妻共同财产达不成一致的，法院在分割时会适当照顾无过错方的何某。

条文在线

《中华人民共和国民法典》

第一千零九十一条 有下列情形之一，导致离婚的，无过错方有权请求损害赔偿：

（一）重婚；

（二）与他人同居；

（三）实施家庭暴力；

（四）虐待、遗弃家庭成员；

（五）有其他重大过错。

女方有权自己决定放弃生产吗？

育儿案例

梁某（男）和王某（女）育有一女。但是丈夫家里三代单传，公婆一直想让王某再生育一个儿子。王某对于生二胎的态度一直是顺其自然，不管男孩女孩自己都喜欢。某日，王某发现自己真的怀孕了，一家人都十分开心。可是在孕期检查的时候，医院告知王某，腹中胎儿很可能患有先天性疾病。王某虽然十分不舍，但是经过再三思考，决定打掉腹中胎儿。公婆却认为医院的诊断只是可能，孩子生下来并非就一定会患病，再有如果是个男孩子，那就追悔莫及了，因此，坚决不同意王某打掉孩子。请问：女方有权自己决定放弃生产吗？

依法解析

依据我国《妇女权益保障法》第五十一条第一款规定，妇女有按照国家有关规定生育子女的权利，也有不生育的自由。所以，生育权是女性的一项基本权利，生育行为本身就是有风险的，可能会对女性身体造成损害，女性可以选择生或者不生，这是作为女性的基本权利，任何人都不能剥夺。

上述案例中，王某考虑到孩子出生后的风险及可能给家庭带来的负担，决定放弃生产，这是王某的权利，而梁某父母即便再不同意，也无法剥夺王某的这项权利。所以，梁某及其父母均无权要求王某必须生产。

条文在线

《中华人民共和国妇女权益保障法》

第五十一条　第一款　妇女有按照国家有关规定生育子女的权利，也有不生育的自由。

第三节　孕产期就医法律常识

被医生要求过度产检，孕妇如何维权？

育儿案例

张女士是一位准妈妈，在怀孕期间一直小心翼翼，严格按照医生的医嘱进行产检，但第36周产检时的经历让她十分气愤。医生给她开具的检查单并不是此次孕周应当检查的项目，其中包含了很多不必要的检查项目，并且还有很多以前已经做过的项目，费用高达3500元。张女士和丈夫李先生商量后，向医生提出要减少检查项目，但是医生竟然告知他们，如果不按要求做检查，将无法在本医院生产。李先生觉得生孩子多检查检查没有坏处，但张女士认为自己的权益受到了侵害，想要维权。那么，张女士应该如何保护自己的合法权益呢？

依法解析

医生开具不必要的检查项目的行为属于过度医疗。所谓过度医疗，是指医疗机构或者医务人员违反诊疗规范，对病人进行只为增加医疗资源消耗，而没有诊疗价值的诊治行为。依据我国《民法典》第一千二百二十七条的规定可知，医生在开具检查项目时，应当对症，不能为了多收取检查费用，而违反诊疗规范，实施不必要的检查。

在上面的案例中，医生给张女士开具不必要的孕检项目属于过度医疗的行为，其告知张女士若不按照要求检查将无法在该医院生产的行为亦没有法律依据。张女士可以向当地的卫生监督管理局进行投诉，也可以向当地的市场监督管理局及消费者协会进行投诉。

条文在线

《中华人民共和国民法典》

第一千二百二十七条 医疗机构及其医务人员不得违反诊疗规范实施不必要的检查。

孕妇产检时被男实习生观摩，可就什么权利主张损害赔偿？

育儿案例

最近，王女士在其爱人赵先生的陪同下到医院做产检。但在产检快结束时，王女士听到有人在小声讨论，称刚才在做产检的时候，孕检医生让3名男性实习医生到病床前观摩。王女士顿时觉得很难为情，认为自己的隐私被暴露无遗。王女士认为医院在没有提前告知的情况下，就让非必要人员进行观摩，侵犯了她的隐私权。那么，王女士是否可以向医院要求损害赔偿呢？

依法解析

医院常常认为实习医生进行临床观摩学习是非常有必要的，患者应当具有为医学科学献身的奉献精神。但产检过程是孕妇非常隐私的事情，医院应当提前与孕妇沟通，在获得准许的情况下才能实施观摩学习。若医院在未经孕妇同意的情况下，擅自组织实习医生进行观摩，不仅会造成孕妇尴尬和不安，更是一种侵犯孕妇隐私权的违法行为。

我国《民法典》第一千二百二十六条规定，医疗机构及其医务人员应当对患者的隐私和个人信息保密。如果侵犯到患者的个人隐私，是要承担侵权责任的。

在上面的案例中，医生在没有经过王女士同意的情况下，让三名异性实习医生观摩学习，是不尊重孕妇的表现。王女士可以到医院或者当地卫生监督管理局进行投诉，还可以以医院泄露患者隐私为由请求其承担侵权责任。

条文在线

《中华人民共和国民法典》

第一千二百二十六条　医疗机构及其医务人员应当对患者的隐私和个人信息保密。泄露患者的隐私和个人信息，或者未经患者同意公开其病例资料的，应当承担侵权责任。

图书在版编目（CIP）数据

依法带娃 做明白家长 / 马芳编著. -- 北京 : 中国画报出版社, 2023.9
ISBN 978-7-5146-2161-7

Ⅰ. ①依… Ⅱ. ①马… Ⅲ. ①社会主义法制－法制教育－中国－普及读物 Ⅳ. ①D920.5

中国国家版本馆CIP数据核字(2023)第059829号

依法带娃 做明白家长

马芳 编著

出 版 人：方允仲
责任编辑：王韵如
美术设计：安 宁
责任印制：焦 洋

出版发行：中国画报出版社
地 址：中国北京市海淀区车公庄西路33号 邮编：100048
发 行 部：010-88417418 010-68414683（传真）
总编室兼传真：010-88417359 版权部：010-88417359

开 本：32开（889mm×1230mm）
印 张：8.5
字 数：225千字
版 次：2023年9月第1版 2023年9月第1次印刷
印 刷：保定市铭泰达印刷有限公司
书 号：ISBN 978-7-5146-2161-7
定 价：65.00元